未成年人权益保护与犯罪预防系列读本

织好青春防火“网”

未成年人网络权益保障与行为规范

主　编　叶小琴
副主编　刘彦修
撰稿人　叶小琴　刘彦修　杨　琳　黄诗琪

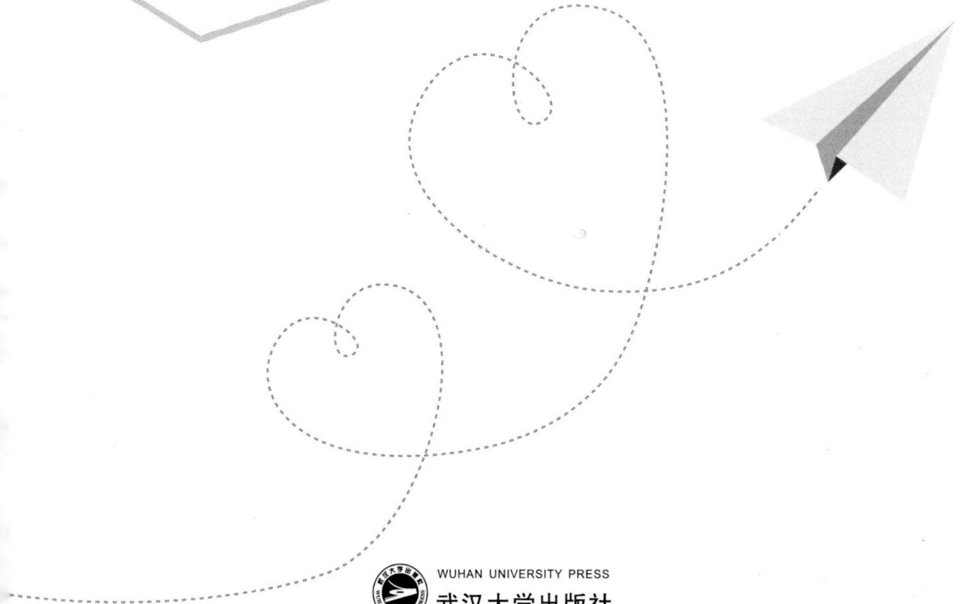

WUHAN UNIVERSITY PRESS
武汉大学出版社

图书在版编目(CIP)数据

织好青春防火“网”:未成年人网络权益保障与行为规范/叶小琴主编.—武汉:武汉大学出版社,2020.12(2021.9 重印)
未成年人权益保护与犯罪预防系列读本
ISBN 978-7-307-21821-5

Ⅰ.织… Ⅱ.叶… Ⅲ.①未成年人保护法—研究—中国 ②计算机网络—科学技术管理法规—研究—中国 Ⅳ.①D922.74 ②D922.174

中国版本图书馆 CIP 数据核字(2020)第 193686 号

责任编辑:胡 荣　　责任校对:汪欣怡　　版式设计:马 佳

出版发行:**武汉大学出版社** (430072 武昌 珞珈山)
(电子邮箱:cbs22@whu.edu.cn 网址:www.wdp.com.cn)
印刷:武汉图物印刷有限公司
开本:880×1230 1/32　印张:6.125　字数:152 千字　插页:2
版次:2020 年 12 月第 1 版　2021 年 9 月第 2 次印刷
ISBN 978-7-307-21821-5　定价:19.90 元

作　者　简　介

叶小琴

法学博士，武汉大学法学院副教授、硕士研究生导师、刑法教研室主任，武汉大学网络治理研究院研究员，兼任中国犯罪学学会常务理事、武汉市社区矫正讲师团副团长，研究方向为比较及国际刑法学、犯罪学与刑事政策。曾在美国哥伦比亚大学法学院、荷兰阿姆斯特丹大学法学院等机构担任访问学者。出版独著著作《论刑法的趋同》、与人合著著作《看守所检察监督实证与比较研究》，并主编《堕落与救赎：女性犯罪启示录》《折翅之痛与思：未成年人犯罪启示录》《中国当代死刑制度改革的探索与展望》《危害国家安全罪办案一本通》4部著作，参译《美国刑事诉讼——法律和实践》，参编《中国青少年犯罪问题及对策研究》《刑法案例分析》等10余部著作，在《求是内参》《教育部简报（高校智库专刊）》《法学评论》等发表50余篇学术论文，主持国家社科基金后期资助项目、司法部国家法治与法学理论研究项目等10余项科研项目。

总　序

党的十九大报告指出“青年兴则国家兴，青年强则国家强。青年一代有理想、有本领、有担当，国家就有前途，民族就有希望”，保障未成年人健康成长作为全党工作的重点，亦是全社会共同关注的话题。然而，近年来未成年人群体被害现象和犯罪现象愈加突出，校园、网络、毒品一方面成为未成年人犯罪的高发领域，另一方面也使得未成年人权益受到更大程度侵害。为了应对未成年人权益受损严重和犯罪数量迅速上升的现实，先后修改《中华人民共和国未成年人保护法》《中华人民共和国预防未成年人犯罪法》《中华人民共和国刑法》，并制定《中华人民共和国社区矫正法》，未成年人权益保障和犯罪预防工作机制进一步完善。新修订或通过的四部法律秉持源头预防、综合保护的理念，明确了家庭、学校、政府和社会多方主体的责任，力争建构起由家庭承担监护责任、学校承担管教责任、国家机关承担保护责任、群团组织承担参与责任的立体保护体系。不过如何确保各方主体责任的落实，形成合力仍是当前需要进一步研究的问题。

武汉大学刑事法研究中心长期关注未成年人犯罪和权益保障问题。通过深入未成年犯管教所对未成年犯罪人进行面对面、一对一的访谈和交流，了解他们的成长历程和犯罪经历，深刻剖析他们的犯罪原因和犯罪特点。此后，又进一步开展了未成年人法律素养评估的调查。在此基础上，深入研究未成年人犯罪的典型案例，结合未成年人教育的相关理论，编写了“未成年人权益保护与犯罪预防系列读本”。通过以案释法，讲述未成年人成长阶段应当了解的法律知识，为未成年人价值观的形成、家长的正确引导和学校的合理监管提供参考和指引。

本系列读本在编写体例上一改往日未成年人法律保护丛书的教科书式篇章结构，以典型案例为中心，围绕案例进行法律分析，讲解法律知识，并附上法律条文和具体建议，以便读者进一步学习。该系列读本以未成年人主要涉及的犯罪领域为导向展开编写，具体分为校园犯罪、毒品犯罪和网络犯罪，最后总结未成年人的法律制度保护。在读本的编写中，既注重犯罪的预防，又关注未成年人权益的保障。本系列读本共分为以下四本：

1.《让阳光洒满校园——校园犯罪预防与校园安全保护》一书主要聚焦校园内发生的未成年人犯罪和侵害其权益的行为。全书分为校园欺凌、校园侵财、校园性侵和校园虐待四部分内容，通过选取近年来在校园里发生的典型案例展开法律知识的普及。

2.《青春不“毒”行——未成年人毒品犯罪预防》一书结合未成年人涉毒行为的基本类型，分别讲解未成年人吸食毒品、未成年人涉毒犯罪、毒品引发的未成年人次生违法犯罪的基本情况，并用多个典型性案例分析违法犯罪行为背后的成因，从而总结预防未成年人陷入“毒网”的积极措施。

3.《织好青春防火“网”——未成年人网络权益保障与行为规范》一书关注网络中未成年人被侵害的现象，主要包括未成年人网络虚拟财产、人格权、名誉权和知识产权等民事权益的保护。另外针对未成年人使用网络的特点制定出青少年参与网络的行为规范，为未成年人正确使用网络提供规范指引。

4.《筑好“法律盾牌”——未成年人权益的多元法律保护》一书从家庭保护、学校保护、社会保护、政府保护、司法保护五个角度出发，结合《中华人民共和国未成年人保护法》《中华人民共和国预防未成年人犯罪法》《中华人民共和国义务教育法》等法律知识，综合全面地介绍当前我国预防未成年人犯罪和保障未成年人权益的法律制度。

兼顾教育性与趣味性、娱乐性与专业性是本系列读本的重要特点，旨在让未成年人、家长和校方能够在法律知识的学习中感受乐趣，从而能够更加主动地进一步研究未成年人的犯罪预防和权益保护这一重要课题。因此，本书既可以面向未成年人、家长作为自学读物，又可以面向校园法治教育课堂，作为教学读本。

最后需要特别感谢有关单位对本系列读本编写的前期调研和资料搜集工作所提供的便利条件。感谢武汉大学出版社胡荣编辑以及其他工作人员对本系列读本的编写工作提供的宝贵意见和付出的心血。因未成年人犯罪预防与权益保护是一个与时俱进、不断发展的话题，本系列读本在编写过程中尚有纰漏和不足之处，恳请谅解！

丛书主编

2020 年 12 月

前 言

随着互联网的普及和上网渠道多样化，未成年人逐渐成为我国上网人群的“主力军”，他们占网民总数 1/3 左右。《2018 年全国未成年人互联网使用情况研究报告》显示，我国未成年网民规模为 1.69 亿人，未成年人的互联网普及率达到 93.7%，可见互联网在未成年人生活中扮演着极为重要的角色。互联网因其内容的丰富性和使用的便捷性已然成为未成年人了解社会时事新闻，发表言论，以及进行日常休闲娱乐的最常用渠道。但互联网是一把双刃剑，网上纷繁复杂的内容吸引着未成年人的同时，也严重威胁着未成年人的身心健康。由于未成年人心智尚未发育成熟，其通常难以辨认互联网信息的好坏，也无法抵制网络诱惑，很可能过度沉迷网络，以致其权益受到侵害而不自知，甚至可能误入歧途实施不法侵害。因此，保障和引导未成年人安全、合理使用网络成为社会普遍关注的突出问题。2020 年新修订的《中华人民共和国未成年人保护法》更是设置“网络保护”专章以回应现实需要，培育和提高未成年人网络素养，增强未成年人正确使用网络的意识和能力，强化未成年人网络空间权益的法律保障。

本书顺应保护未成年人正确行使网络权利的发展趋势，重点关注未成年人网络权益保障与行为规范，主要从未成年人财产和人身权利保护以及网络人身、财产犯罪两大方面分析了网络民事侵权行为及犯罪行为的种类和特点，并提出预防对策，为保障未成年人的上网安全、维护未成年人合法权益提供指引。同时，“未成年人网络使用规范篇”旨在为未成年人合理使用网络提供建议与指导，预防未成年人权益遭受侵害或步入犯罪迷途。

本书以改编真实案例为基础，紧密结合未成年人上网遇到的典型问题，深入剖析网络活动给未成年人带来的潜在风险与现实危害，强化未成年人的网络安全法律意识。每一个案例之后都附有法律分析与法律小课堂等模块，系统讲解案例所涉及的法律问题，并针对性地提出应对之策，以实现对网络侵权和犯罪的预防，并引导未成年人安全、合理地使用互联网。

网络安全是当代社会关注的热点，关乎未成年人的人格健全发育，对其思想道德素质的培养也具有非常重大的意义。积极营造有利于未成年人健康成长的网络环境，引导未成年人安全合理参与网络生活并善于、敢于维护自己的合法权益，我们任重而道远。

编　者

2020 年 5 月

目　录

网络经济生活与虚拟财产保护篇

互联网的发展极大丰富了人们的网络生活。近年来，网络购物进一步发展，网络游戏、网络直播、线上追星等娱乐方式也迅速“走红”并深受人们喜爱，对新鲜事物最为敏感的未成年人自然也成为了这些活动的积极参与者。网络已经成为未成年人群体生活中必不可少的部分，并逐渐改变着他们的生活方式。然而，伴随着网络生活的丰富和发展，未成年人也面临着更多的风险和考验。本篇主要从网络经济生活角度出发，探讨未成年人在网络活动中可能遇到的网络虚拟财产保护、网络消费、网络不正当竞争等相关问题，旨在提醒未成年人上网时须随时注意自己及家人的财产安全，警惕互联网经济乱象，莫让钱财因自己的疏忽“不翼而飞”。

网络游戏装备被偷运营商该负责吗？

【案例一】“红月”是由北极冰公司开发经营的大型收费网络游戏，玩家注册后可通过购买游戏卡或游戏命令等方式获得多种虚拟装备。17岁的李某是该游戏的资深玩家，在游戏中投入了大量时间和金钱。某日，李某在登录账号时发现其购买的大量极品装备全部丢失，后查明部分装备被他人以盗号的方式转移，另一部分是被北极冰公司以其使用外挂、非法复制为由回档删除。李某十分不满，向北极冰公司申诉，并索要盗号者的具体信息，但北极冰公司却称玩家资料属个人隐私不能提供，还称玩家账号应由玩家自己保管与维护，发生盗用与装备丢失应由玩家自行负责，与公司无关。李某与北极冰公司交涉无果，到公安局刑事报案被拒绝立案，最终向法院提起诉讼，以私有财产受到侵害为由，要求北极冰公司恢复其丢失的所有虚拟装备，或者折现赔偿，并赔偿相应的精神损失。法院经审理后判决北极冰公司将李某在游戏中的相应装备予以恢复，并返还李某购买游戏卡的部分价款。判决后双方均不服上诉，二审法院最终维持原判。①

【案例二】小张是A公司运营的某网络游戏忠实用户，在游戏中投入了不少的时间和金钱，并在自己的账号中积累了30863个元宝。某日，小张在登录游戏账号之后，发现账号内30863个元宝全部被盗，便立刻向A公司反映，并向当地公安局报了警。公安局网络监察大队在了解情况之后，向A公司发出《协查函》，要求A公司协助调查小张被盗的元宝。之后，A公司仅为小张追回了11231个元宝，尽管小张一直不停地给A公司客服打电话询问协查结果，客服也数次告知丢失的元宝已全部返还至小张的账号，但实际上剩余的19632个元宝一直没有返还。小张遂起诉至法院，要求A公司返还剩余元宝。一审法院认为，小张未能提供证据证明是由于A公司的过错而导致元宝丢失，并且双方也没有事先约定当小张的游戏装备丢失时，A公司有为其追回的义务，所以小张的损失应由自己承担。一审法院判决小张败诉，小张不服上诉至二审法院。二审法院认为，A公司在小张报案后和诉讼期间均未对网络游戏运行过程中与小张受到损害的事实相关联的内容进行举证，也未对这一事实发生的过程予以合理解释，更未举证证明自己提供了有安全保障的游戏运行环境且未因违反义务而造成小张的财产损失。最终二审法院撤销了一审判决，判令A公司将未返还的元宝恢复到小张账号内。②

---

① 改编自北京市第二中级人民法院〔2004〕二中民终字第02877号民事判决书。

② 改编自上海市第一中级人民法院〔2011〕沪一中民一（民）终字第2499号民事判决书。

一、 网络虚拟物是财产吗?

随着互联网交易的迅速发展，网络虚拟物因与传统财产（如货币）一样具有使用价值，可以用于交换、流通而越来越受到人们的重视，因而也被称为网络虚拟财产。

通常认为，网络虚拟财产是指存在于网络虚拟空间中的、具有一定价值的、可供支配的并以数字化形式存在的非物化财产形式。① 例如，QQ 号、微信号等网络账号及支付宝、微信中以数据形式存在的个人财产，均为典型的网络虚拟财产。在网络游戏中，虚拟财产是指依赖于虚拟游戏环境而存在的、属于游戏玩家控制的游戏资源，包括游戏账号、游戏角色，以及游戏过程中积累的“货币”“地产”“装备”“宠物”等物品。② 由于网络游戏中大部分虚拟物品的获取均需用现实货币进行等价交换，这就使得网络游戏中的虚拟财产同样具有现实生活中的价值，成为玩家在游戏中最关心和最在意的部分，也是游戏运营商应当重点保护的对象。

但近年来，网络虚拟财产价值迅速上升，由此导致游戏账号被盗、装备被偷、“练级”的级数和积分被无故撤销等侵犯虚拟财产的现象屡屡发生。为了有效地应对偷盗虚拟财产行为，并通过法律的途径保护自己的虚拟财产不受侵犯，首先应当正确认识网络虚拟财产的法律性质。

网络虚拟财产是否也可以像现实中的财物一样，被视为一种为

---

① 参见伍州：《网络虚拟财产的物权定位及其规则探析》，载《中国集体经济》2018 年第 35 期。

② 参见林旭霞、张冬梅：《论网络游戏中虚拟财产权利的法律属性》，载《中国法学》2005 年第 2 期。

个人所有的“物”？一般而言，“物”是有形的、看得见摸得着的，但现代科技的发展使事物的形态和属性产生了诸多新的变化，法律也早已将无形无体地存在，例如光、电流、磁场等，纳入了“物”的范畴。网络虚拟财产在网络虚拟空间中通常作为“物”而存在，并且能够被人们占有、使用或者用于交换，其性质与现实中的物并没有区别，所以，网络虚拟财产也应像光、电流等无形无体物一样，被视为“物”的一种。但是需要强调的是，虽然网络虚拟财产通常被称为“财产”，但我国当前法律并未明确将其纳入财产的保护范围，即网络虚拟财产是否法律意义上的“财产”，至今仍是一个存在争议的问题。因此，我们尚不能笼统地将其视为“个人财产”，但可以肯定的是，个人所有的“网络虚拟物”应当受到法律保护。

二、 网络游戏运营商的安全保障义务

当游戏中通过正常渠道获得的装备、积分、虚拟货币等网络虚拟资产遭到他人的偷窃，而并非因游戏运营商不当撤销、删除而导致丢失时，该损失是应该由玩家自行承担，还是运营商在这种情况下仍需承担赔偿责任呢？这取决于游戏运营商是否尽到了对玩家虚拟财产的保管和控制义务。

首先，网络游戏运营商对玩家的账户负有安全保障义务。运营商作为游戏的开发者，其掌握服务器的运行，了解玩家的活动情况，并控制服务器数据，因此应对玩家承担安全保障义务，为玩家提供安全的游戏环境，以保障玩家的合法权益。同时，运营商也须对玩家在游戏中获得的虚拟资产进行合理的保管、控制和记录，确保玩家的虚拟资产不会因为系统安全漏洞而遭受侵害。基于此点，游戏运营商应为游戏设置完备的安全保障系统，并在玩家申请注册

账号之时便引导玩家为自己的账户“加密”。如果因为系统的漏洞而导致玩家的虚拟资产丢失，尽管运营商对此并不知情，但在玩家反映情况之后，运营商必须立即采取行动，调查损失原因，并对玩家予以赔偿。

其次，网络游戏运营商负有保护玩家隐私以及协助调查的义务。对于玩家注册账号之时所填写的个人信息，运营商不得在未经玩家同意的情况下向他人披露，更不能擅自用于其他用途。此外，当发生玩家虚拟资产丢失的情况时，运营商有义务协助及配合玩家进行调查，以助其找到“真凶”。可见，游戏运营商的责任十分重大。这些义务也是游戏运营商不可推卸且不可逃避的义务，并不会因为没有事先在网络服务协议中约定，或者运营商本身没有恶意删除、收回或者撤销玩家的财产而被免除。运营商应积极保障玩家的合法权益，如果其行为存在疏漏，则应对玩家因此而造成的损失负责。

三、 网络虚拟财产权受到侵害时应如何维权？

网络虚拟财产（包括虚拟账号和虚拟资产）的所有者可以从物权角度寻求法律保护。《中华人民共和国民法典》规定，当物权人的权利受到侵害时，可以通过行使返还原物请求权、停止侵害请求权、排除妨害请求权、恢复原状请求权等救济自己的权利。

返还原物请求权即要求侵害人返还财物本身的权利。就如案例一中，盗号者偷偷转移了本属于李某的游戏装备，李某作为游戏装备的所有者有权要求盗号者返还游戏装备，该权利即为返还原物请求权。

停止侵害请求权即要求侵害人停止损害自己的财物的权利。例如陈某和林某两家结怨已久，陈某计划趁林某外出时将林某家阳台的玻璃窗砸碎以示报复。在陈某砸窗的过程中林某突然回家，看到陈某的所作所为，林某要求他立即停止砸玻璃的行为，该权利即为停止侵害请求权。

排除妨害请求权即要求侵害者消除对物权的障碍或侵害的权利。例如小明因记恨小刚不把新买的游戏机借给他玩，偷偷地在他的游戏机的屏幕、开关、音响、充电插口等关键部位涂满胶水，并缠上黑色胶布，使小刚根本无法正常使用游戏机。小刚有权要求小明清除游戏机上的胶水和胶布，以恢复游戏机的正常使用。该权利即为排除妨害请求权。

恢复原状请求权即要求通过修理等手段恢复财物原有状态的权利。如小明将小刚的遥控车弄坏了，小刚要求小明把遥控车修好，恢复遥控车的原有状态的权利即恢复原状请求权。

对于网络虚拟财产遭受侵害时的救济，在以上几种请求权中，恢复原状请求权适用空间最广，也最能满足权利人的需求。由于网络虚拟财产为非有形实体，具有数字化的特征，其本质为开发商编写的程序代码，只要通过技术手段就可以将受损的部分恢复至原本状态，因而如果通过恢复原状进行维权，维权的金钱和时间成本将大大降低。更重要的是，对于网络游戏玩家而言，他们更希望自己辛苦“练成”的账号、装备、等级或者积分等得到恢复，而非得到金钱赔偿。因此，恢复原状成为司法实践中解决网络虚拟财产纠纷的最常用方式。

案例一中，李某要求北极冰公司恢复其丢失的虚拟装备，法院最终也支持了李某的请求，要求北极冰公司恢复原状，并赔偿李某相应的损失。另外，若非游戏运营商而是其他人侵害了玩家的游戏装备等虚拟资产，玩家可以直接向该人主张权利，而非必须通过运营商解决，但运营商有协助玩家维权的义务。

案例二中，上诉法院最终认定小张对其账号内虚拟资产的安全保护已采取了必要的措施，而 A 公司未能尽到安全保障义务，该游戏的安全系统明显存在漏洞。故法院支持了小张的请求，判决 A 公司将剩余的元宝全部恢复到小张的账号内。可见在两个案例中，权利人均是通过行使恢复原状请求权来救济自身权利的。

此外，我国刑法也为网络虚拟财产（包括虚拟账号和虚拟资产）提供了有力保障。侵害他人网络虚拟财产，情节严重或者造成被害人损失较大的，可能涉嫌犯罪，面临刑法的处罚。由于网络虚拟财产尚不属于刑法意义上的财产保护对象，因此无法成立盗窃罪等侵犯财产罪，但这并不意味着刑法保护的缺失。实践中，有司法判例将虚拟财产认定为数据资料等明确受到刑法保护的“物”，以侵犯通信自由罪、非法侵入计算机信息系统罪等对不法行为人进行处罚，也可以达到同等的保护效果。

法律小课堂

——《中华人民共和国民法典》

第一百一十四条　民事主体依法享有物权。

物权是权利人依法对特定的物享有直接支配和排他的权利，包括所有权、用益物权和担保物权。

第一百一十五条　物包括不动产和动产。法律规定权利作为物权客体的，依照其规定。

第一百一十六条　物权的种类和内容，由法律规定。

第一百二十七条　法律对数据、网络虚拟财产的保护有规定的，依照其规定。

第二百三十三条　物权受到侵害的，权利人可以通过和解、调解、仲裁、诉讼等途径解决。

第二百三十四条　因物权的归属、内容发生争议的，利害关系人可以请求确认权利。

第二百三十五条　无权占有不动产或者动产的，权利人可以请求返还原物。

第二百三十六条　妨害物权或者可能妨害物权的，权利人可以请求排除妨害或者消除危险。

第二百三十七条　造成不动产或者动产毁损的，权利人可以依法请求修理、重作、更换或者恢复原状。

第二百三十八条　侵害物权，造成权利人损害的，权利人可以依法请求损害赔偿，也可以依法请求承担其他民事责任。

第二百三十九条　本章规定的物权保护方式，可以单独适用，也可以根据权利被侵害的情形合并适用。

第二百四十条　所有权人对自己的不动产或者动产，依法享有占有、使用、收益和处分的权利。

——《中华人民共和国刑法》

第二百八十五条【非法侵入计算机信息系统罪】违反国家规定，侵入国家事务、国防建设、尖端科学技术领域的计算机信息系统的，处三年以下有期徒刑或者拘役。

【非法获取计算机信息系统数据、非法控制计算机信息系统罪】违反国家规定，侵入前款规定以外的计算机信息系统或者采用其他技术手段，获取该计算机信息系统中存储、处理或者传输的数据，或者对该计算机信息系统实施非法控制，情节严重的，处三年以下有期徒刑或者拘役，并处或者单处罚金；情节特别严重的，处三年以上七年以下有期徒刑，并处罚金。

【提供侵入、非法控制计算机信息系统程序、工具罪】提供专门用于侵入、非法控制计算机信息系统的程序、工具，或者明知他人实施侵入、非法控制计算机信息系统的违法犯罪行为而为其提供程序、工具，情节严重的，依照前款的规定处罚。

单位犯前三款罪的，对单位判处罚金，并对其直接负责的主管人员和其他直接责任人员，依照各该款的规定处罚。

——《全国人民代表大会常务委员会关于维护互联网安全的决定》

四、为了保护个人、法人和其他组织的人身、财产等合法权利，对有下列行为之一，构成犯罪的，依照刑法有关规定追究刑事责任：

（一）利用互联网侮辱他人或者捏造事实诽谤他人；

（二）非法截获、篡改、删除他人电子邮件或者其他数据资料，侵犯公民通信自由和通信秘密；

（三）利用互联网进行盗窃、诈骗、敲诈勒索。

——《中华人民共和国网络安全法》

第二十二条　网络产品、服务应当符合相关国家标准的强制性要求。网络产品、服务的提供者不得设置恶意程序；发现其网络产品、服务存在安全缺陷、漏洞等风险时，应当立即采取补救措施，按照规定及时告知用户并向有关主管部门报告。网络产品、服务的提供者应当为其产品、服务持续提供安全维护；在规定或者当事人约定的期限内，不得终止提供安全维护。网络产品、服务具有收集用户信息功能的，其提供者应当向用户明示并取得同意；涉及用户个人信息的，还应当遵守本法和有关法律、行政法规关于个人信息保护的规定。

——《中华人民共和国未成年人保护法》

第七十八条　网络产品和服务提供者应当建立便捷、合理、有效的投诉和举报渠道，公开投诉、举报方式等信息，及时受理并处理涉及未成年人的投诉、举报。

手机号、QQ号等虚拟账号可以继承吗?

刘先生的父亲生前经营一家企业，多年来企业的生意往来绝大部分都是通过两部手机完成的。后刘先生的父亲因车祸意外去世，刘先生担心变换号码会影响生意，因此希望通过继承的方式获得父亲的两个手机号码。但在咨询运营商客服人员后，刘先生得知办理手机号过户，需要双方当事人持身份证件亲自到营业厅办理，若有一方缺席则无法顺利过户。因此，刘先生来到公证处，要求对两个手机号码办理遗产公证。公证人员表示，手机号码不是客观实体，要进行公证需证明其具有财产属性，并以虚拟财产的名义才能办理继承。经历一番波折后，刘先生最终成功从公证处拿到两份公证文书，其父生前使用的两个手机号码将因此得以过户到他的名下。这意味着刘先生成功继承了父亲的手机号码。①

---

① 赵宏兵:《手机号、QQ号、微信能不能继承?法律方面尚属空白》，载《北京青年报》2018年5月24日，第2版。

一、 手机号码能被继承吗?

在日常生活中，我们通常会到中国移动、中国联通及中国电信的营业厅，通过购买的方式获得新的手机号。不过，根据工业和信息化部《电信网码号资源管理办法》规定，手机号属于码号资源，属于国家所有，所以我们付费购买的只是手机号码的使用权而非所有权，要依据与中国移动、中国联通和中国电信公司等电信运营商签订的协议享受各种通信服务。

既然手机号码的所有权归国家所有，为什么本案中的刘先生还能够继承其父亲用过的手机号？实际上，刘先生继承的是其父对于这两个手机号码的使用权而非所有权。首先，手机号码的使用权具有财产属性，即手机号码的使用权本身具有价值。例如案例中刘先生的父亲是经商者，他所使用的两个手机号码是他与客户进行联络、沟通的重要渠道，因此这两个手机号附带着重要的商业利益和价值。再如某些手机靓号售价不菲，个人与通信公司签订的《入网服务协议》中也明确规定了手机号码的使用权可以转让，这些都意味着手机号码的使用权具有财产属性。其次，用户通过支付价款获得了手机号码的使用权，即意味着号码使用权归个人所有，属于个人的合法财产。因此，基于手机号码的财产属性，司法实践中手机号码使用权可以被纳入遗产的范围。

二、 其他虚拟账号也能被继承吗?

微信平台的《微信软件许可及服务协议》中载明，微信账号的所有权归腾讯公司所有，用户仅享有微信账号的使用权，且该使用权仅属于初始申请注册人。非初始申请注册人不得通过受赠、继承、承租、受让或者其他任何方式使用微信账号。腾讯平台的《QQ 号码规则》规定，QQ 号码的所有权归腾讯公司所有，未经腾讯许可，初始申请注册人不得赠与、借用、租用、转让或者售卖 QQ 号码或者以其他方式许可其他主体使用 QQ 号码。

另外，在视频网站方面，《爱奇艺服务协议》载明，爱奇艺账号所有权归爱奇艺集团所有，用户仅拥有爱奇艺账号的有限使用权。在支付平台方面，《支付宝服务协议》明确载明，用户标识和账户仅限本人使用，不得转让、借用、赠与、继承，但支付宝账户内的相关财产权益可被依法继承。

因此，根据不同网络运营商制定的协议和规则，用户对于网络虚拟账号也仅享有使用权，而不享有所有权。然而，虽然网络虚拟账号的使用权也同样具有财产属性，但虚拟账号能否被继承在实践中却争议颇大。从上述服务协议和规则中可以看出，大部分网络运营商都明确禁止用户转让其虚拟账号使用权，在继承方面，有部分运营商在服务协议中明确规定其经营的虚拟账号不得继承，而对于没有类似规定的平台的账号（如腾讯 QQ 号码）是否可以继承，实践中看法不一，有的认为账号使用权属于个人财产，可以依法继承；而有的认为账号涉及个人隐私，即使原使用权人去世，其隐私也仍受法律保护，应依法予以保密，不得将其账号让与他人。

而现实中，由于虚拟账号本身的复杂属性，加上网络服务商对于虚拟账号在管控上的主导性，在目前立法欠缺的情况下，网络虚拟账号是否可被转让、继承，仍主要取决于网络服务商和行政管理部门、司法机关的态度。①

但需要注意的是，虽然手机号码、网络虚拟账号能否继承在立

---

① 参见赵宏兵：《手机号、QQ 号、微信能不能继承？法律方面尚属空白》，载《北京青年报》2018 年 5 月 24 日，第 2 版。

法空白的情况下仍存争议，但若要实际继承，必须对相关号码和账号的价值进行评估和证明后，才能在法律上将它们纳入“遗产”的范围。而这样的价值认证通常需要委托专门的评估机构进行，并通过公证机构公证，也就是说号码和账号是否具有价值、具有多大的价值、是否可以被认定为遗产，公民个人说了不算，得有专业机构的证明才可以被认定。

三、 网络虚拟账号与网络虚拟资产的区别

网络虚拟财产可以分为网络虚拟媒介和网络虚拟资产两类。网络虚拟媒介即网络虚拟账号，除了手机号码、微信账号、QQ 账号外，还包括网络游戏的账号、密码等，而网络虚拟资产则指存储于微博、微信、QQ、支付宝中的个人资产、Q 币、游戏币等虚拟货币，以及游戏道具、皮肤等游戏装备和电子邮件内的数据资料等。①

虽然网络虚拟账号能否被继承争议颇大，但对于同属于网络虚拟财产范畴的网络虚拟资产能否被继承，答案却是较为明确的。

网络虚拟资产可视为现实资产的数字化，是现实资产（货币）的转化形态，本质上为存储于虚拟账号中的个人财产，它通常能够通过现实货币对其进行价值评估或实现等价交换，并且可以直接或者间接通过第三方平台转化为现金，所以网络虚拟资产属于法律意义上的个人财产，其能够被继承、转让和分割已无太大争议。但对于一些涉及人身属性的虚拟资产，如各类账号中存储的有关个人私

---

① 参见杨立新等：《〈中华人民共和国继承法〉修正草案建议稿》，载《河南财经政法大学学报》2012 年第 5 期；李娜：《虚拟财产继承问题研究》，载《嘉应学院学报（哲学社会科学）》2014 年第 7 期。

密信息的内容，由于与所有权人的隐私等利益密切相关，若允许继承和转让将可能引发互联网技术伦理问题，因此对于这部分虚拟资产继承和受让的权利，我国现有法律难以提供保护。

相比之下，网络虚拟账号只是网络服务商提供的、用于确认用户身份的、使用户能够在特定网站上进行交易或其他活动的“媒介”。除去账号内的资产，账号本身只是一个虚拟空间①，通常在法律上很难对账号的现实经济价值进行认定。因此，在我国法律对此尚未出台明确规定的情况下，网络虚拟账号的继承问题仍有待讨论。

法律小课堂

继承方式与区别

1. 法定继承

法定继承，是指按照法律直接规定的继承人范围、继承顺序和遗产分配原则等进行财产继承的一种继承制度。法定继承是强制性规范，除被继承人生前依法以遗嘱的方式改变外，其他任何人均无法改变。

——《中华人民共和国民法典》

第一千一百二十六条　继承权男女平等。

第一千一百二十七条　遗产按照下列顺序继承：

（一）第一顺序：配偶、子女、父母；

（二）第二顺序：兄弟姐妹、祖父母、外祖父母。

---

① 参见赵宏兵：《手机号、QQ 号、微信能不能继承？法律方面尚属空白》，载《北京青年报》2018 年 5 月 24 日，第 2 版。

继承开始后，由第一顺序继承人继承，第二顺序继承人不继承；没有第一顺序继承人继承的，由第二顺序继承人继承。

本编所称子女，包括婚生子女、非婚生子女、养子女和有扶养关系的继子女。

本编所称父母，包括生父母、养父母和有扶养关系的继父母。

本编所称兄弟姐妹，包括同父母的兄弟姐妹、同父异母或者同母异父的兄弟姐妹、养兄弟姐妹、有扶养关系的继兄弟姐妹。

第一千一百三十条　同一顺序继承人继承遗产的份额，一般应当均等。

对生活有特殊困难又缺乏劳动能力的继承人，分配遗产时，应当予以照顾。

对被继承人尽了主要扶养义务或者与被继承人共同生活的继承人，分配遗产时，可以多分。

有扶养能力和有扶养条件的继承人，不尽扶养义务的，分配遗产时，应当不分或者少分。

继承人协商同意的，也可以不均等。

第一千一百五十四条　有下列情形之一的，遗产中的有关部分按照法定继承办理：

（一）遗嘱继承人放弃继承或者受遗赠人放弃受遗赠；

（二）遗嘱继承人丧失继承权或者受遗赠人丧失受遗赠权；

（三）遗嘱继承人、受遗赠人先于遗嘱人死亡或者终止；

（四）遗嘱无效部分所涉及的遗产；

（五）遗嘱未处分的遗产。

2. 遗嘱继承

遗嘱继承，又称指定继承，与法定继承相对应。遗嘱继承是指被继承人生前通过立遗嘱的形式确定其个人财产在其死亡后的继承人及分配的法律制度。

——《中华人民共和国民法典》

第一千一百三十三条　自然人可以依照本法规定立遗嘱处分个人财产，并可以指定遗嘱执行人。

自然人可以立遗嘱将个人财产指定由法定继承人中的一人或者数人继承。

第一千一百三十四条　自书遗嘱由遗嘱人亲笔书写，签名，注明年、月、日。

第一千一百三十五条　代书遗嘱应当有两个以上见证人在场见证，由其中一人代书，并由遗嘱人、代书人和其他见证人签名，注明年、月、日。

第一千一百三十六条　打印遗嘱应当有两个以上见证人在场见证。遗嘱人和见证人应当在遗嘱每一页签名，注明年、月、日。

第一千一百三十七条　以录音录像形式立的遗嘱，应当有两个以上见证人在场见证。遗嘱人和见证人应当在录音录像中记录其姓名或者肖像，以及年、月、日。

第一千一百三十八条　遗嘱人在危急情况下，可以立口头遗嘱。口头遗嘱应当有两个以上见证人在场见证。危急情况消除后，遗嘱人能够以书面或者录音录像形式立遗嘱的，所立的口头遗嘱无效。

第一千一百三十九条　公证遗嘱由遗嘱人经公证机构办理。

第一千一百四十一条　遗嘱应当为缺乏劳动能力又没有生活来源的继承人保留必要的遗产份额。

第一千一百四十三条　无民事行为能力人或者限制民事行为能力人所立的遗嘱无效。

遗嘱必须表示遗嘱人的真实意思，受欺诈、胁迫所立的遗嘱无效。

伪造的遗嘱无效。

遗嘱被篡改的，篡改的内容无效。

3. 遗赠

遗赠是指公民通过设立遗嘱，将其个人所拥有的财产的一部或者全部，待其死亡后无偿赠送给国家、集体组织、社会团体或者法定继承人以外的人的行为。

——《中华人民共和国民法典》

第一千一百三十三条　自然人可以立遗嘱将个人财产赠与国家、集体或者法定继承人以外的组织、个人。

第一千一百四十四条　遗嘱继承或者遗赠附有义务的，继承人或者受遗赠人应当履行义务。没有正当理由不履行义务的，经利害关系人或者有关组织请求，人民法院可以取消其接受附义务部分遗产的权利。

第一千一百五十八条　自然人可以与继承人以外的组织或者个人签订遗赠扶养协议。按照协议，该组织或者个人承担该自然人生养死葬的义务，享有受遗赠的权利。

4. 代位继承

代位继承，又称“间接继承”。是指在法定继承中，被继承人的子女先于被继承人死亡的，被继承人的子女的晚辈直系血亲代替其父母的继承顺序继承被继承人的遗产的法律制度。代位继承只适用于法定继承的情形。

——《中华人民共和国民法典》

第一千一百二十八条　被继承人的子女先于被继承人死亡的，由被继承人的子女的直系晚辈血亲代位继承。

被继承人又的兄弟姐妹先于被继承人死亡的，由被继承人的兄弟姐妹的子女代位继承。

代位继承人一般只能继承被代位继承人有权继承的遗产份额。

5. 转继承

转继承，又称为再继承、连续继承，它是指继承人在继承开始后、遗产分割前死亡，其应继承的遗产转由他的合法继承人来继承的制度。实际接受遗产的已死亡继承人的继承人称为转继承人，已死亡的继承人称为被转继承人。转继承的规定，不仅适用于法定继承，还适用于遗嘱继承以及遗赠。

——1985 年最高人民法院《关于贯彻执行〈中华人民共和国继承法〉若干问题的意见》

第五十二条　继承开始后，继承人没有表示放弃继承，并于遗产分割前死亡的，其继承遗产的权利转移给他的合法继承人。

第五十三条　继承开始后，受遗赠人表示接受遗赠，并于遗产分割前死亡的，其接受遗赠的权利转移给他的继承人。

——《中华人民共和国民法典》

第一千一百二十二条　遗产是自然人死亡时遗留的个人合法财产。

依照法律规定或者根据其性质不得继承的遗产，不得继承。

第一千一百二十三条　继承开始后，按照法定继承办理；有遗嘱的，按照遗嘱继承或者遗赠办理；有遗赠扶养协议的，按照协议办理。

——2003 年信息产业部《电信网码号资源管理办法》

第二条　码号资源属于国家所有。国家对码号资源实行有偿使用制度，具体收费标准和收费办法另行制定。

——《中华人民共和国公证法》

第十一条　根据自然人、法人或者其他组织的申请，公证机构办理下列公证事项：(一)合同；(二)继承；(三)委托、声明、赠与、遗嘱；(四)财产分割；(五)招标投标、拍卖；(六)婚姻状况、亲属关系、收养关系；(七)出生、生存、死亡、身份、经历、学历、学位、职务、职称、有无违法犯罪记录；(八)公司章程；(九)保全证据；(十)文书上的签名、印鉴、日期，文书的副本、影印本与原本相符；(十一)自然人、法人或者其他组织自愿申请办理的其他公证事项。法律、行政法规规定应当公证的事项，有关自然人、法人或者其他组织应当向公证机构申请办理公证。

保护好我们网络世界的财产

网络虚拟财产因具有价值而受到越来越多的关注。尤其随着网络社交软件、网络游戏的飞速发展，人们对网络的依赖性越来越强，并倾向于在网络中投入大量时间和金钱以经营自己的虚拟账号。正因如此，不法分子通过违法使用各种网络技术手段盗窃、诈骗网络虚拟财产的现象也愈演愈烈。为了更好地保护我们的财产，应注意以下几点：

第一，谨慎设置并保管好自己的各类网络账号和密码。用户名和密码是登录各类网络账号、进行网络虚拟资产管理及其他各项操作的基础，也是保障网络虚拟财产安全的最重要手段，因此注册网络账号时应谨慎设置用户名和密码，尤其注意设置密码的安全性，避免多个账号使用同一密码。若因特殊原因不得已将密码告知他人，事后应及时更换新密码。

第二，发现网络虚拟财产遭受侵犯时及时止损。及时止损是第一位的，用户应立刻更改账户密码，并将账户内余额迅速转移，对于游戏装备等可设置为锁定或禁止操作等模式。同时应立刻向网络运营商反映情况，请求协助调查，查明财产受损原因及侵权人身份，要求侵权人返还财产。若是因系统本身的漏洞所致，还可以要求网络运营商赔偿。

第三，积极通过诉讼维护自己的合法权益。若在运营商的协助下仍无法解决，并且损失数额较大，应勇于提起诉讼，追究侵权人的责任。尤其是未成年人瞒着父母在游戏中花费较大数额金钱购买的装备、金币等被盗时，应立刻告知父母，使父母能够及时通过法律途径挽回损失，不要因为怕受到批评或者嫌麻烦而让父母的钱财白白流失。

网络"刷量""刷榜" 不可行

【案例一】2018年8月，爱奇艺公司起诉杭州某信息科技公司存在"刷量"（在短时间内迅速提高特定视频内容的访问量）行为。爱奇艺公司通过监控发现，该公司两名股东兼员工分工合作，通过使用多个域名，不断更换访问IP地址等方式，连续访问爱奇艺网站视频，在短时间内迅速提高视频访问量，仅2017年2月至6月，两人在爱奇艺网站便制造了不少于9.5亿余次的虚假访问。按照每1万次15元的刷量收费标准，被告非法获益达上百万元。后经查明，该信息科技公司专门提供针对爱奇艺、优酷土豆、腾讯视频等视频网站的"刷量"服务。爱奇艺公司认为，被告的"刷量"行为侵犯了其合法权益，构成不正当竞争，要求被告赔偿其经济损失并消除影响。一审法院最后判决被告赔偿爱奇艺公司50万元，并登报声明以消除其不正当竞争行为对爱奇艺公司的影响。二审法院维持了一审法院的判决。①

---

① 参见上海知识产权法院〔2019〕沪73民终第4号民事判决书。

【案例二】2018年11月2日，歌手吴亦凡的新专辑《Antares》率先在海外发行，上线后5小时内就迅速登上iTunes四大榜单之首。据统计，新单曲下载量预计高达1400万次，超过榜上所有欧美歌手的预计下载量总和。对此，美国网民一片哗然，质疑中国粉丝涉嫌“刷榜”的声音甚嚣尘上。经查，该结果确实是由粉丝“刷榜”所致，由于粉丝“刷量”导致榜单算法预估错误。iTunes从11月5日开始暂时冻结美国区榜单以处理异常数据；11月7日，异常数据被清除后，该专辑歌曲排名掉至榜单100名开外；11月8日，该专辑重新被推向榜首，但是数据再次被iTunes清空。①

流量是互联网时代的一大鲜明特征，它代表着社会大众关注的动向，并且蕴含着大量的信息，因而具有重要的商业价值，成为众多视频网站的命脉，也成为评价演艺明星及其作品是否受欢迎的重要指标。

有的服务商为了推广产品，会雇佣专门的“刷量”公司增加好评量、下载量，以及推广视频的播放量等。不过，如今更加普遍的是粉丝“刷榜”行为，即粉丝希望自己偶像的作品能够获得更多的热度，自发组成多个群体，通过多种途径包括使用非常规的技术手段，不正常地增加偶像作品的播放量和下载量，为偶像在排行榜上赢取更高的排名。这些粉丝的组成成员多是在校的未成年学生，因此未成年人为了自己偶像明星应援刷流量的行为应当引起重视。这些不正当获取流量的行为，显然会损害他人利益，那么这些行为是否违法呢？

---

① 参见索玺：《粉丝水军的“剧场效应”：从吴亦凡事件看刷量时代的法律规制》，载搜狐网：http：//m. sohu. com/a/275488888_741570，2020年4月16日访问。

案例一所描述的是传统“刷量”行为，即“刷量”公司以营利为目的，通过非常规手段在短时间内迅速提高某特定视频等网络作品的访问量，以满足买量者（雇佣者）的要求，最后获取非法利润。“刷量”公司的这种行为造成了爱奇艺视频网站的数据混乱以及经济损失，法院最后认定该“刷量”公司行为构成不正当竞争。

所谓不正当竞争，是指经营者以及其他有关市场参与者采取违反公平、诚实信用等公认商业道德的手段，争取交易机会或者破坏他人的竞争优势，损害消费者和其他经营者合法权益，扰乱社会经济秩序的行为。“刷量“公司采用非正常手段大幅增加特定视频点击量，违反了爱奇艺网站的规则，对该网站的访问数据造成了不合理甚至是严重的干扰和破坏。访问数据对于视频网站及其他媒体平台的重要性不言而喻。数据是视频行业正常发展和运作的基石，通过对数据的搜集和分析，视频网站才能根据不同视频的受欢迎程度以及不同地区、年龄段访问者的兴趣爱好，制定合适的视频采购及推荐、服务器布局等重要经营策略，也才能找到适宜的视频供应商和广告商等，并与它们确定交易的范围。① 可见，准确、真实的访问数据不仅影响着视频网站运作的各个环节，对于用户以及其他行业的服务提供者也都意义重大。因此，“刷量”公司的行为严重破坏了视频网站访问数据的真实性和完整性，违背了诚实信用的公认的商业道德，同时也对多个主体合法权益造成损害，因此违背了公平竞争的市场原则。这种行为明确违反了《中华人民共和国反不正当竞争法》(以下简称《反不正当竞争法》)。

对案例二中粉丝“刷榜”行为的认定和处理则有所不同。粉丝“刷榜”行为同“刷量”行为一样，在本质上都违背了诚实信用原则，所以同样是违法的。但不同的是，“刷榜”行为并不受《反不

① 参见上海知识产权法院〔2019〕沪73民终第4号民事判决书。

正当竞争法》等维护市场秩序的法律法规的约束。这类法律都只规制经营者的行为，而经营者是指从事商品经营或者营利性服务的法人、其他经济组织和个人。经营者是以营利为目的提供商品或者服务，并与消费者相对应的主体。粉丝显然不具有这样的特性，他们为偶像的荣誉而实施的“刷榜”行为是出于对偶像的喜爱，并且不要求物质回报，所以粉丝并非经营者，也并不适用《反不正当竞争法》等法律。

那么“刷榜”行为是否可以适用《中华人民共和国民法典》（以下简称《民法典》）进行规制呢？由于“刷榜”行为同样会破坏网站和各类榜单访问数据的真实性和准确性，导致其遭受经济损失，甚至有可能造成其商业信誉的降低。因此“刷榜”行为会导致平台的财产权益受到侵害，平台在充分举证的情况下可以依据《民法典》主张损害赔偿。

然而针对“刷榜”行为的维权活动在实践中通常困难重重。首先是被告不明确，粉丝是独立的个体，若他们未形成一个特定的组织或群体而是单独实施“刷榜”行为，则会形成被告人数过多且过于分散的局面，诉讼难度会加大，并且也无法有效阻止“刷榜”行为的延续。其次是取证难度较大。粉丝通常基数大，且具有分散性，这使取证的成本大大增加。最后，即便打赢了官司，平台所能得到的赔偿往往与其所受损失不成比例，其商业信誉的毁损则更是无法弥补。因此，“刷榜”“刷量”行为给平台造成的损害是极大的，其中一个重要原因是平台往往无法有效地救济自身权益。鉴于近年来我国娱乐产业迅速发展，未成年人追星现象日益普遍，粉丝经济也逐步成为推动经济发展的新动力，引导未成年人尊重规则、理智追星，倡导未成年人理性使用互联网支持自己的偶像，应成为关注的重点。

未成年人作为互联网的主要用户群体之一，应当自觉遵守各类网站和媒体平台的规则，实现与网络平台之间的互利共赢。作为粉丝，即使十分想为偶像争得人气或赢得荣誉，也应在法律允许的范围内活动，自觉遵守评比规则，共同营造公平、良好的竞争环境和氛围。这样才是真正展现自己偶像实力，为他们赢取更多好评的实用之道。“刷榜”“刷量”等行为无异于作弊，虚假的排名提升，不仅会对各类榜单和平台利益造成损害，也会影响到其他网络服务行业及消费者的利益，还会在社会上形成不诚实、不守信、无视规则的不良风气，有损社会公共利益。更严重的是，这种不正当的行为会催生更多的从事“刷量”等违法活动的产业，如此一来市场秩序将会遭到更为严重的破坏。到那时，“刷榜”等作弊行为会更加普遍，真正的高素质艺人和高质量作品会因榜单数据造假而得不到应有的关注和认可。对于粉丝和普通消费者来说，得不偿失。因此，未成年人必须时刻谨记遵纪守法的重要性，坚决杜绝“刷量”“刷榜”等违法违规的行为。

法律小课堂

——《中华人民共和国反不正当竞争法》

第二条　经营者在生产经营活动中，应当遵循自愿、平等、公平、诚信的原则，遵守法律和商业道德。本法所称的不正当竞争行为，是指经营者在生产经营活动中，违反本法规定，扰乱市场竞争秩序，损害其他经营者或者消费者的合法权益的行为。本法所称的经营者，是指从事商品生产、经营或者提供服务（以下所称商品包括服务）的自然人、法人和非法人组织。

第十二条　经营者利用网络从事生产经营活动，应当遵守本法的各项规定。经营者不得利用技术手段，通过影响用户选择或者其他方式，实施下列妨碍、破坏其他经营者合法提供的网络产品或者服务正常运行的行为：（一）未经其他经营者同意，在其合法提供的网络产品或者服务中，插入链接、强制进行目标跳转；（二）误导、欺骗、强迫用户修改、关闭、卸载其他经营者合法提供的网络产品或者服务；（三）恶意对其他经营者合法提供的网络产品或者服务实施不兼容；（四）其他妨碍、破坏其他经营者合法提供的网络产品或者服务正常运行的行为。

——《中华人民共和国民法典》

第一百二十条　民事权益受到侵害的，被侵权人有权请求侵权人承担侵权责任。

第一千一百八十四条　侵害他人财产的，财产损失按照损失发生时的市场价格或者其他合理方式计算。

孩子给主播的巨额打赏能追回吗?

【案例一】16岁的超超是一名高二学生，在暑假认识某女主播后，他陆续从母亲的银行卡上偷偷划走40万元，用于在直播平台上给女主播刷礼物。超超说，如果不刷礼物的话，女主播就会对自己很冷淡，只有不停地刷礼物，女主播才会对自己热情。后来母亲发现银行卡上少了40万元，便质问超超，超超说没想到会花这么多钱，因为他自己对40万元并没有什么概念。①

【案例二】郑某是17岁的高中生，刘某是郑某的母亲。郑某在加拿大留学期间，通过实名认证为刘某的微信号在蜜莱坞公司经营的“映客”直播平台注册账号，并通过实名认证为刘某的支付宝和微信支付等方式在“映客”直播平台购买虚拟币、给主播打赏等，消费50余万元。刘某称其并不知情，直到事发后两个月她才发现郑某从“映客”直播平台购买虚拟币的情况。后刘某与郑某诉至法院，要求蜜莱坞公司全额返还钱款。但

---

① 参见江山等:《赏了四十万》，载《中国青年报》2017年11月8日，第12版。

法院最终仅支持了刘某和郑某的部分还款请求，仅判决蜜莱坞公司返还4万余元。①

近年来，网络直播可谓迅速走红，深受社会大众尤其是年轻人的喜爱。伴随着抖音、斗鱼等直播软件的开发和推广，许多“网红”逐渐把网络直播当成全职工作，以观众的打赏作为收入主要来源。很多主播年收入超百万元甚至千万元，这有力地推动了网络直播这一行业的发展壮大。然而，受直播观众打赏行为的影响，许多未成年人也会因为喜欢某个主播，或是想要获得礼品等原因，在父母不知道的情况下给主播花钱“刷礼物”，甚至进行巨额打赏。毋庸置疑，这种行为会给他们的父母带来巨额财产损失。未成年人的消费观念还不健全，对大额钱财通常没有概念，他们并不知道这样的打赏行为会带来什么后果。所以在这种情况下，打赏的钱是否能追回以及如何追回，就成了社会关注的热点问题。

从上述两个案例可以看出，未成年人通常是在对钱财没有清晰认识的情况下给主播以重金打赏，并且由于网络的匿名性，主播通常也并不知道打赏的是未成年人，未成年人的父母往往也是在不知情的情况下遭受了大额财产损失。

未成年人未经父母同意进行的巨额打赏是否可以追回？这个问题关系到网络直播打赏行为的法律性质。若认为主播并没有受雇于网络平台，则打赏可视为打赏人与主播双方在自愿基础之上订立的赠与合同，该合同仅发生在打赏人和网络主播之间，具有相对性。因此，即便最后造成了未成年人父母的大额损失，也不可能具有社会危害性，所以该类案件不构成刑事案件，只能依靠民事途径解决

---

① 改编自北京市第三中级人民法院〔2018〕京03民终第539号民事判决书。

纠纷。

根据我国法律规定，无民事行为能力人订立的合同无效；限制民事行为能力人订立的合同，经法定代理人追认后有效，若法定代理人不追认则同样无效。在我国，八周岁以上的未成年人为限制行为能力人，他们所订立的买卖、赠与合同等，需要他们的父母进行追认才能视为有效。所以，对于此类案件，未成年人的父母可首先与直播平台及主播进行协商，说明未成年人的打赏行为并未经过自己的同意，自己也并不追认，以请求主播返还钱款。若主播拒绝返还钱款，则可以向法院提起诉讼，请求法院认定该赠与合同无效，并要求主播返还钱款。

近年来这样的诉讼并不少见，然而未成年人父母最后胜诉的案例却很少，得到全额还款的更是少之又少。首先，这些未成年人的父母通常未能履行监护人职责。父母不仅负有照顾、教育未成年人的法定义务，对未成年人的网络消费等社会活动也负有管理、监督的责任。① 未成年人在辨认、控制自己行为能力方面尚有欠缺，故父母不应将银行卡卡号、密码以及支付宝账号及支付密码等随意告诉未成年人，更不应该给年龄较小的未成年人所使用的手机号绑定银行卡或者设置免密支付。若父母未能履行其监护职责，则存在过错，法院即使认定合同无效，也不会判决主播或平台全额返还钱款。

其次便是诉讼主体不适格的问题。由于合同具有相对性，有关合同的纠纷一般情况下只能由合同当事人提起诉讼，当事人以外的人都不是法律上适格的起诉主体。未成年人给主播打赏的行为可以视为双方订立了一个赠与合同，合同双方为未成年人与受赏主播，未成年人的父母仅为未成年人的法定代理人，而非合同当事人。很

---

① 参见北京市第三中级人民法院〔2018〕京03民终第539号民事判决书。

多父母认为未成年子女没有诉讼能力而以自己为原告，这往往会导致法院驳回起诉。父母应以子女为原告，自己作为法定代理人代为参加诉讼，如此才能保证诉讼的顺利进行。

最后是法定代理人追认行为的认定问题。父母作为监护人，对于未成年子女瞒着自己所进行的巨额消费，并非只要提起诉讼并在法庭上表示不认可这笔消费即为拒绝追认。若存在多笔、持续、不合理的大额支出，父母一直不予关注和调查，直到最后才一起“算总账”，或是在初步制止之后，子女不听劝阻仍继续进行消费，但父母没有进一步采取关闭支付渠道、向直播平台表明真实交易人身份等合理措施，法庭均可以认定父母已对子女的行为构成默认。如此一来打赏的钱就不能追回，或者只能追回部分财物。

案例一和案例二中未成年人的父母均存在上述过错，因此他们的财产损失大部分无法挽回。案例一中，超超的父母平时对其疏于管教，母亲甚至坦言知道儿子以前偷拿过她的手机转账，但觉得“转个二三百无所谓”。事发后，父母联系了女主播及其所在的直播公司，要求返还钱款，但主播和公司仅回应会积极配合调查，对于未成年人打赏如何处理等问题并未回应。事实上，对于此种情形，主播和平台有权拒绝返还钱款，因为对于打赏行为，主播和平台在很多情况下都无法甄别到底是否为未成年人所为，打赏账号本身往往很难证明打赏人的身份，他们不可能也没有义务去一一核查所有打赏人的身份，故在主播和平台没有过错的情况下，他们有权拒绝承担责任，而存在监管过失的父母则须为自己的过错“买单”。

案例二中，由于郑某在平台上主要是自己做主播，打赏对象并不特定，因此母亲刘某代郑某只起诉了经营平台的公司，要求公司返还全部钱款。然而同样因刘某存在监管过失，法院认为刘某既未尽到父母对子女的照看、监督义务，也未谨慎管理自己的个人信息和财务，故认定刘某对郑某的行为大部分均构成默认，郑某与公司之间订立的网络消费合同大部分均有效，最终判决公司返还郑某的钱款不及其消费总额的10%，其余损失由郑某和刘某自行承担。

总而言之，为防止类似情形再现，父母应承担起对未成年人的监护责任，加强对未成年人的网络消费教育，引导未成年人树立正确的金钱观、消费观。同时父母也须谨慎管理自己的钱财，妥善保管自己的银行卡和微信、支付宝等各类支付账户的账号和密码，不应随意告知未成年子女。这才是防范财产损失风险的根本。

法律小课堂

——《中华人民共和国民法典》

第十三条　自然人从出生时起到死亡时止，具有民事权利能力，依法享有民事权利，承担民事义务。

第十七条　十八周岁以上的自然人为成年人。不满十八周岁的自然人为未成年人。

第十八条　成年人为完全民事行为能力人，可以独立实施民事法律行为。

十六周岁以上的未成年人，以自己的劳动收入为主要生活来源的，视为完全民事行为能力人。

第十九条　八周岁以上的未成年人为限制民事行为能力人，实施民事法律行为由其法定代理人代理或者经其法定代理人同意、追认；但是，可以独立实施纯获利益的民事法律行为或者与其年龄、智力相适应的民事法律行为。

第二十条　不满八周岁的未成年人为无民事行为能力人，由其法定代理人代理实施民事法律行为。

第二十三条　无民事行为能力人、限制民事行为能力人的监护人是其法定代理人。

第一百四十四条　无民事行为能力人实施的民事法律行为无效。

第一百四十五条　限制民事行为能力人实施的纯获利益的民事法律行为或者与其年龄、智力、精神健康状况相适应的民事法律行为有效；实施的其他民事法律行为经法定代理人同意或者追认后有效。

相对人可以催告法定代理人自收到通知之日起三十日内予以追认。法定代理人未作表示的，视为拒绝追认。民事法律行为被追认前，善意相对人有撤销的权利。撤销应当以通知的方式作出。

第一百五十五条　无效的或者被撤销的民事法律行为自始没有法律约束力。

第一百五十六条　民事法律行为部分无效，不影响其他部分效力的，其他部分仍然有效。

第一百五十七条　民事法律行为无效、被撤销或者确定不发生效力后，行为人因该行为取得的财产，应当予以返还；不能返还或者没有必要返还的，应当折价补偿。有过错的一方应当赔偿对方由此所受到的损失；各方都有过错的，应当各自承担相应的责任。法律另有规定的，依照其规定。

——《中华人民共和国民事诉讼法》

第四十八条　公民、法人和其他组织可以作为民事诉讼的当事人。法人由其法定代表人进行诉讼。其他组织由其主要负责人进行诉讼。

第五十七条　无诉讼行为能力人由他的监护人作为法定代理人代为诉讼。法定代理人之间互相推诿代理责任的，由人民法院指定其中一人代为诉讼。

第一百一十九条　起诉必须符合下列条件：（一）原告是与本

案有直接利害关系的公民、法人和其他组织；（二）有明确的被告；（三）有具体的诉讼请求和事实、理由；（四）属于人民法院受理民事诉讼的范围和受诉人民法院管辖。

追回“打赏”的法律之路

想要追回“打赏”，建议父母针对主播提起撤销赠与合同之诉，而不宜向人民法院提起针对平台的侵权之诉。若提起侵权之诉，向直播平台主张财产损害赔偿，须证明：（1）直播平台实施了侵权行为；（2）平台存在过错；（3）自己遭受了财产损失；（4）财产损失与平台的侵权行为存在因果关系。由于此类案件中父母的财产损失多是由未成年人子女偷偷进行巨额消费所造成的，与直播平台无关，平台及主播通常不存在侵害财产权的行为。另外，平台也没有义务去调查每个打赏人的真实身份，所以一般情况下平台也没有过错。若起诉侵权，人民法院会因原告的诉讼请求没有事实及法律依据而判决原告败诉。

网购“被骗了”或“买错了”如何退款?

【案例一】15 岁的欣欣从小就喜欢玩积木，对于乐高积木更是钟爱有加，家里的房间到处都摆满了欣欣砌好的积木模型。最近，欣欣听说乐高推出了新的积木套装，准备在淘宝上购买一套。她发现新套装在官方旗舰店卖得很贵，并且有其他的自营店铺也在出售该套装，价格要比旗舰店便宜两三百元。欣欣点进其中一家，发现店铺信誉良好，且该套装的购买页面用非常醒目的字体标明“绝对真货”，卖家也反复承诺绝对和官方旗舰店所售一模一样。但等该套装到手后，欣欣觉得手感和以前买的乐高积木并不一样，她撕掉积木表面涂层后发现，里面其实是普通的、质量很一般的积木，根本就不是乐高的正版积木，而且大部分积木都存在这样的情况。欣欣发现自己被骗了，于是联系淘宝卖家要求退钱，卖家拒绝配合，于是欣欣与父母将卖家诉至法院。法院认为该淘宝卖家构成虚假宣传，侵犯了欣欣的知情权，最终支持了欣欣的退款请求。①

【案例二】刚上高二的小飞是网络游戏的忠实爱好者，他最近为自己的游戏角色新买了一套“战衣”，想着还要添置一副新的武器装备。某日，小飞在逛某游戏装备交易网站时，将一件装备属性为“双持”的手持武器标签错看成“双手”。该装备外观独特且功能强大，因此价格也相对较高，达至上百元。小飞十分心动，并心想自己的“战衣”正好与“双手”类武器相匹配，要是能配上这样一副武器，那简直就是如虎添翼！于是他立刻就买下了。但付款后小飞发现自己的“战衣”与该装备并不匹配，后来仔细一看才知道，该装备实为“双持”而非“双手”类武器，因二者的标签十分相似，小飞将它们混淆了。小飞这才意识到自己买错了，伤心之余，他找到交易网站的客服，要求网站退货退款。经协商后，客服同意为小飞退款。②

网络购物平台的迅速发展使网购逐渐成为人们消费的主要方式，而未成年人随着年龄的增长，其消费需求也在不断增加。未成年人在网上自行购买小件且价格便宜的生活物品或者玩具等已成为常态，这既是未成年人积极参与社会经济活动的表现，也是未成年人学习树立正确消费观、管理个人钱财的过程。我国法律规定，未成年人进行与其年龄、智力、精神健康状况相适应的交易行为，无须监护人的追认也有效。

网络购物给人们带来巨大便利的同时，也暗含着许多风险，尤

---

① 改编自浙江省杭州市中级人民法院〔2019〕浙01民终第5492号民事判决书。

② 改编自《王者荣耀：买错装备为何不可撤销？策划：你以为我们没想到？》，载搜狐网：http：//www. sohu. com/a/297273489_120099903，2020年4月16日访问。

其对于心智尚不成熟的未成年人而言则更是陷阱重重。案例一和案例二是现实中网上消费经常会遇到的情形，即买到手的物品和想要的不一样，造成这种结果的原因既可能是卖方构成欺诈，交付了假货，也可能是买方在购物时没有仔细留意商品信息，导致最后买到了不需要的物品。在这样的情形下，买方是否可以以及如何向卖家要回自己的钱款呢？

案例一是典型的民事欺诈情形。民事欺诈行为是指在设立、变更、终止民事权利义务关系的过程中，故意告知对方虚假情况，或者故意隐瞒真实情况，诱使对方作出错误的表示的行为。在案例一中，淘宝卖家的行为符合欺诈行为的全部要件：(1) 卖家贩卖的产品最终被发现并非乐高正版积木，即卖家所言与实际情况不符，其故意告知买家虚假情况；(2) 卖家明知自己的产品是仿冒品，却在买家前来询问时仍然欺骗买家说是正品，明显具有欺诈的故意；(3) 买家因为卖家的承诺而错误地认为其售卖的产品就是乐高新出套装的正品；(4) 买家最后基于积木是正品的错误认识而付款。因此，该淘宝卖家的行为构成民事欺诈行为，并使欣欣遭受了财产损失。我国《中华人民共和国民法典》（以下简称《民法典》）规定，欺诈行为受害方享有合同撤销权。欣欣与淘宝卖家之间存在买卖合同关系，因存在欺诈，并且该合同的订立实际上违背了欣欣的真实意愿，欣欣作为受害方有权请求法院撤销该合同，并要求卖家返还钱款。合同一经撤销则自始无效，卖家应当返还欣欣所支付的钱款，若卖家因欺诈还给欣欣造成了其他损失，则应对欣欣进行赔偿。

值得注意的是，欺诈并非只包含故意告知虚假情况这一种情形，还包括故意隐瞒真实的、涉及事物本身性质的重要情况。例如案例一中，若卖家所售产品确实是乐高的积木，即卖家并没有进行虚假宣传，但其产品却有重大的瑕疵，例如属于乐高积木中的残次品。如果卖家并没有告诉买家这一重要事实，致使买家以为其购买的是没有瑕疵的乐高正品积木，这样的情形也构成民事欺诈，受害买家也有权要求撤销合同。

案例二的情况与案例一并不相同。案例二中并不存在欺诈，而是买方小飞因为存在“重大误解”而导致了自己的损失。对于这种情形，小飞是否有权要求卖家退款呢？

所谓重大误解，就是一方当事人在交易前或者交易过程中，因对行为的性质、对方当事人、交易对象（产品或者服务）的种类、质量等的错误认识，使行为的后果与自己的真实意愿相悖，致使自己的利益受到较大的损失，或者达不到订立合同的目的。但并非所有的误解都构成重大误解，若合同一方当事人仅是对合同中某些不影响合同性质和主要内容的用语或者条款理解错误，或是误解本身并不影响合同目的之实现，则不成立重大误解。

案例二中，小飞一度以为自己看中的是“双手”类的游戏装备，并在这一错误认识的基础上与卖家进行了交易，这意味着小飞对交易对象的品种产生了误解。合同标的物即交易对象是合同最重要的内容之一，直接影响该合同订立的目的。对于小飞而言，他如果意识到了这件装备是“双持”类而非“双手”类，二者是不同类型的装备，那么他便不会购买，该买卖合同便不会成立。且这样的误解是由小飞自己的疏忽所导致的，因此可以认定小飞在交易过程中存在重大误解。我国法律出于对误解方权利的保护，规定存在重大误解的情况下，误解方当事人同样有权请求法院撤销合同，以弥补自己的损失。但由于误解方自身存在过错，对于额外的损失，如退货邮费、办理相关权利移转手续所花费的手续费等，只能自行负责，对方没有义务赔偿。

在进行网上交易时，若对方存在欺诈等不法行为，我们当然能够依法维护自己的权利，但就算我们因为自己的过错而产生误解导致权益受损，法律也还是允许我们通过特定的方式挽回损失。法律保护的是交易自由，是每个人内心的真实意愿。但法律对消费者的保护与容忍是有限度的。对于重大误解，法律允许误解方存在一定的过错。但是如果误解方存在重大过失，例如在购物时不看商品的任何信息，或只是草率地浏览后就付款，那么此时误解方无权要求撤销合同，只能自行承担损失。以案例二为例，若小飞在购买装备前完全没有结合自身经验，从产品的外观形态、价格和简介等方面对游戏装备的种类、性能作出初步判断，仅因一时欢喜就冲动付款，那么小飞就得为自己的草率承担责任，对于小飞的退款请求，卖家可以拒绝。

最重要的是，无论是欺诈还是重大误解，遭受损失的一方当事人不能简单说一句“我反悔了”，就产生撤销合同的法律效果。首先可以与卖家协商撤销合同。如果卖家不同意，受损害一方必须请求法院或者仲裁机构撤销合同。因为对方当事人的利益也要得到法律的尊重和保护，是否真正存在欺诈或者重大误解应由人民法院或者仲裁机构经过审查之后才能确定，而非由受损害一方当事人说了算。

法律小课堂

——《中华人民共和国民法典》

第一百四十七条　基于重大误解实施的民事法律行为，行为人有权请求人民法院或者仲裁机构予以撤销。

第一百四十八条　一方以欺诈手段，使对方在违背真实意思的情况下实施的民事法律行为，受欺诈方有权请求人民法院或者仲裁机构予以撤销。

第一百四十九条　第三人实施欺诈行为，使一方在违背真实意思的情况下实施的民事法律行为，对方知道或者应当知道该欺诈行为的，受欺诈方有权请求人民法院或者仲裁机构予以撤销。

第一百五十二条　有下列情形之一的，撤销权消灭：

（一）当事人自知道或者应当知道撤销事由之日起一年内、重大误解的当事人自知道或者应当知道撤销事由之日起九十日内没有行使撤销权；

（二）当事人受胁迫，自胁迫行为终止之日起一年内没有行使撤销权；

（三）当事人知道撤销事由后明确表示或者以自己的行为表明放弃撤销权。

当事人自民事法律行为发生之日起五年内没有行使撤销权的，撤销权消灭。

第一百五十五条　无效的或者被撤销的民事法律行为自始没有法律约束力。

——《中华人民共和国消费者权益保护法》

第二条　消费者为生活消费需要购买、使用商品或者接受服务，其权益受本法保护；本法未作规定的，受其他有关法律、法规保护。

第二十条　经营者向消费者提供有关商品或者服务的质量、性能、用途、有效期限等信息，应当真实、全面，不得作虚假或者引人误解的宣传。经营者对消费者就其提供的商品或者服务的质量和使用方法等问题提出的询问，应当作出真实、明确的答复。经营者提供商品或者服务应当明码标价。

第五十五条　经营者提供商品或者服务有欺诈行为的，应当按照消费者的要求增加赔偿其受到的损失，增加赔偿的金额为消费者购买商品的价款或者接受服务的费用的三倍；增加赔偿的金额不足五百元的，为五百元。法律另有规定的，依照其规定。经营者明知商品或者服务存在缺陷，仍然向消费者提供，造成消费者或者其他受害人死亡或者健康严重损害的，受害人有权要求经营者依照本法第四十九条、第五十一条等法律规定赔偿损失，并有权要求所受损失二倍以下的惩罚性赔偿。

重大误解与欺诈的区别

除了7天无理由退货外，网购买家通常可以根据重大误解或欺诈要求退货，不过两者有明显的区别。在重大误解的情况下，买家陷入错误认识是由于自己的过失造成的，并非欺诈的结果。在欺诈的情况下，买家陷入错误认识并不是由于自己的过失造成的，而是卖家的欺诈行为造成的。并且，若卖家在出售某种商品时有义务向买家告知商品的性能、质量瑕疵等情况却没有告知而导致其发生误解，也可以认定构成欺诈。

若卖家构成欺诈，买家自知道卖家的欺诈行为之日起一年内有权向法院起诉或申请仲裁，要求撤销与卖家之间订立的买卖合同。自买家获得的胜诉判决或裁决生效时，该买卖合同自始无效，卖家须向买家返还价款，并赔偿买方因此所遭受的损失。若买家是出于生活消费目的向卖家购买商品，买家此时还可向卖家主张其购买商品价款费用的三倍作为增加赔偿，增加赔偿金额不足500元的，按500元计。在卖家欺诈的情形中，仅受到损害的买家享有撤销权，卖家不享有任何权利。

若卖家或买家因重大误解而订立合同，双方可以先协商撤销合同。若协商不成，误解方自知道存在误解的情况之日起90日内有权向人民法院起诉或申请仲裁，要求撤销该买卖合同。同样自判决或裁决生效时起，该合同自始无效，双方须各自返还货物和价款。但此时，无论是卖家还是买家都只能主张对方返还原有货物或价款，无权要求对方赔偿损失，更不享有请求三倍赔偿的权利。在重大误解的情形中，无论买家还是卖家，只要是误解方，均享有撤销权。

网络人格权与知识产权保护篇

财产权益保护是未成年人网络民事权益保护的重要内容。然而互联网乱象并不只会对公民的财产权造成损害，公民的人格权、个人信息权及知识产权等权利在此情况下也同样会受到威胁与挑战。所谓人格权是指公民所享有的各种人身权利，主要包括公民的生命健康、姓名、肖像、名誉、荣誉、隐私等权利，个人信息权是指公民对自己的个人信息，如家庭住址、身份证号码等所享有的支配、控制并防止他人窃取、利用或实施侵害的权利，而知识产权是指公民对其智力创造和劳动成果所享有的权利，主要包括著作权、专利权及商标权。

本篇着重分析网络名誉侵权、著作权侵权及个人信息泄露案件，介绍网络活动中未成年人财产权外其他民事权益遭受侵犯的常见情形，以告诫未成年人提升自我保护意识，提防互联网中“无形中的侵害”，同时呼吁未成年人文明上网、理性上网，以免受人蛊惑，无意中成为加害者的同伙。

如何抵制网络诽谤？

如今，互联网已经成为继报纸、广播和电视之后的第四大媒体，但由于互联网传播具有隐蔽性、广泛性和随意性等特点。近年来产生了大量利用互联网侵害他人特别是演艺明星等公众人物名誉权的案件，这就提出了网络环境下名誉权保护和限制的新问题。①作为上网的主体人群之一，未成年人心智发育仍不够成熟，对互联网特性和影响力的认识还不够深入，其网上发言很容易受到他人影响，从而人云亦云，很可能无意间会侵害他人权益。因此，必须引导未成年人健康文明上网，自觉尊重和保护他人名誉，坚决抵制造谣、抹黑、诽谤等网络暴力行为，同时当自己成为受害者时，未成年人也要勇敢地拿起法律武器维护自己权益。

---

① 肖云成：《关于网络名誉侵权认定中的相关问题》，载无讼阅读：http：//victory. itslaw. cn/victory/api/v1/articles/article/bbffaaff-cf80-4a4a-bb4c-5514720c2d51？downloadLink=2&source=wechat，2020年4月16日访问。

【案例一】因年纪比姐姐范某冰小19岁，范某丞被网络恶意传为“范某冰与某某私生子”。2018年3月，范某丞获知北京微梦创科网络技术有限公司（简称微梦公司）运营的新浪微博上用户“文艺-高冷先生”（实际注册人为王某飞）分别于2018年1月至3月间发布多条微博，包括“范某丞发微博，到底是范某冰的弟弟还是洪某宝的私生子”“范某冰如何起家，被曝与洪某宝之子就是范某丞”等，对范某丞的名誉造成了极大的负面影响。为此，范某丞向北京市海淀区人民法院提起了名誉侵权诉讼。海淀区人民法院支持了范某丞的请求，要求被告王某飞在微博上连续48小时发布致歉声明向范某丞赔礼道歉，并赔偿范某丞精神抚慰金及合理支出共6万元。①

【案例二】2012年5月，香港《苹果日报》刊登了一篇关于内地未经证实的影星章某怡的负面报道。之后，知名编剧毕某功转发并评论，说前述负面报道是“Miss F”组织实施的。随后易赛德公司主办的黔讯网新闻板块之“娱乐资讯”刊登了《编剧曝章某怡被黑内幕，主谋范某冰已无戏可拍》一文，称“知名编剧毕某功在其新浪微博上揭秘章某怡被黑内幕，称范某冰是幕后主谋”。该文章及毕某功发表的微博被广泛转发、转载，致使网络上出现了大量对于艺人范某冰的侮辱、攻击性言论及评价。范某冰因此对易赛德公司和毕某功提起名誉权侵权诉讼。人民法院经审理认为易赛德公司和毕某功构成对范某冰名誉权的侵害，判处两被告向范某冰公开刊登致歉声明，并分别赔偿范某冰精神损害抚慰金。②

---

① 参见北京市海淀区人民法院〔2018〕京0108民初第20149号民事判决书。

② 参见北京市第二中级人民法院〔2013〕二中民终字第08057号民事判决书。

【案例三】17 岁的小杨因相貌英俊、学习成绩优异且多才多艺在学校里小有名气。某天，在小杨浏览新浪博客时，他发现某位博主发表了一篇涉及自己个人隐私的文章，并在文章中造谣，恶意扭曲事实，给小杨的名声造成了不良影响。于是小杨向新浪公司发出律师函要求其采取必要措施，以制止该侵权行为。随后小杨对新浪公司提起诉讼，并要求新浪公司提供该博主的个人信息，以助其找到侵权者。人民法院认为，新浪公司不能证明其已尽到《互联网电子公告服务管理规定》所规定的事前提示和事后监督义务，应承担相应不利法律后果。由于博客内容涉及小杨的名誉权，小杨有权知晓侵权人的个人信息以便主张权利，新浪公司应当在网络技术力所能及的范围内，向小杨披露该博主的网络用户信息，以维护小杨的信息知情权。①

案例一是典型侵犯名誉权的案件，其中原告是当下正红的演艺圈明星，因此使得该案有了较高的社会关注度。本案中，通过原告范某承所提交的证据，范某冰与范某丞的姐弟关系最终得以证实，且被告王某飞对其在微博中所提到的“私生子”等词语并未提供任何证据，所以法院判决被告的行为构成对范某丞名誉权的侵犯，并要求其在涉案新浪微博账号上连续 48 小时发布公开致歉声明并向范某丞赔偿精神抚慰金及合理支出共计 60000 元。显然，被告没有履行文明上网的道德义务，其所散布的谣言不仅给原告造成了极大的困扰，而且也不利于良好、有序的网络环境形成。

我国公民享有名誉权，公民的人格尊严受法律保护，禁止任何人用侮辱、诽谤等方式损害公民的名誉。虽然原告作为公众人物，

① 改编自《利用信息网络侵害人身权益典型案例之七》，载《人民法院报》2014 年 10 月 10 日，第 4 版。

对于媒体的报道与批评应承担相对于普通人更多的容忍义务，但是这样的容忍并非没有限度。公众人物的名誉及人格尊严也是严格受到法律保护的。对于网络侵权行为，受害人可向法院请求判令侵权人停止侵害、恢复名誉、赔礼道歉等，若后果严重，还可以要求侵权人赔偿相应的精神损害抚慰金。

案例二虽然也是有关公众人物名誉权侵权的案例，但该案例提出了一个关键问题：侵权人若没有明确指明其造谣的对象，只是隐晦地在言论中予以暗示，那么此时如何判断这些言论针对的对象就是某特定受害人？如何判断受害人因这些信息受到损害？该案的最终判决为以上问题提供了解决的思路。

案例二中，当范某冰起诉毕某功侵犯其名誉权时，毕某功仍辩称“Miss F”指的是在美国电影《致命契约》中饰演“Clary Fray”的美国女演员莉莉·科林斯（Lily Collins）。然而人民法院认为，从大量网友的评论、“内幕”一文以及相关报道来看，多数人认为“Miss F”所指即是范某冰。毕某功虽发表微博称其未指名道姓说谁黑章某怡，但该微博下的大量评论显示多数网友仍认为是范某冰所为，而对此毕某功并未作出进一步的明确反驳。毕某功未能证明该负面报道与莉莉·科林斯之间的关系，并且在诉讼之前面对大量网友认为“Miss F”就是指范某冰时，也从未提及“Miss F”是指莉莉·科林斯。因此，法院对毕某功的主张不予支持。最终人民法院判决毕某功和易赛德公司向范某冰赔礼道歉，并分别赔偿精神抚慰金3万元和2万元的民事责任。

在利用信息网络侵害他人名誉权的案件中，侵权信息往往具有“含沙射影”“指桑骂槐”的特征，此时侵权人往往也会辩称自己的言论并非针对提起诉讼的受害人。出于对受害人的保护，人民法院认为应从信息接受者的角度判断，即“并不要求诋毁性陈述指名道姓，只要原告证明在特定情况下，具有特定知识背景的人有理由相信该陈述针对的对象是原告即可”。① 所以在这种情况下不要被造谣者的辩解所吓阻或者迷惑，人民法院总会本着公平原则还受害者一个公道。

案例三所揭示的重要内容是，当网络侵权案件发生时，受害人出于维权的需要有权要求网络服务提供者披露侵权用户的个人信息，以确认侵权人的身份，如此维权活动才能正常进行。网络侵权案件维权的一大难点即在于网络的匿名性，如何确定侵权人的个人身份对受害人而言通常是个难题。

一般情况下，法律规定网络服务提供者负有对网络用户个人信息的保密义务，但当侵权案件发生之时，为保障受害人的权益，通常需要对侵权人的隐私权予以限制。当然，并非受害人提出请求就一定能得到侵权人的信息。为了公平起见，受害人应通过诉讼的方式，由法院对该请求进行审查并作出决定。② 如此一来，才能更好地平衡网络服务提供者保密的法定义务与网络侵权受害人的民事权益。只有二者兼顾，才能营造一个安全、文明、健康、有序的网络环境。但是，网络服务提供者对侵权人个人隐私的保护义务并不能直接免除其删除侵犯未成年人名誉或形象的图片、文字、音视频资料的义务。因而最新修订的《中华人民共和国未成年人保护法》(以下简称《未成年人保护法》) 规定，当侵权人通过网络发布侵权信息侮辱、诽谤、威胁未成年人或恶意扭曲、损害未成年人形象的，未成年人的家长或其他监护人可以首先直接联系网络服务提供

① 参见《利用信息网络侵害人身权益典型案例之五》，载《人民法院报》2014年10月10日，第4版。

② 参见《利用信息网络侵害人身权益典型案例之七》，载《人民法院报》2014年10月10日，第4版。

者，要求其立即采取删除、屏蔽等措施停止侵害。由此可见，从本次立法修改表现出，网络服务提供者在保护用户个人隐私和被侵权未成年人人格权时，更加注重对未成年人权益保护的倾向。

法律小课堂

侵权责任的构成要件

（一）行为违法

行为违法是行为人承担损害赔偿等民事责任的前提条件，指行为人的行为违反了法律的规定，侵害了他人合法民事权益。如果行为有合法的根据，即使造成损害，也不应令其承担民事责任。

（二）损害后果

损害后果客观存在是确定侵权责任的必要条件。损害是指因人的行为或对象的危险性而导致人身、财产方面的合法权益遭受侵害。作为侵权责任构成要件的损害，须具备以下条件：(1) 具有确定性。损害必须是已经发生的，是真实存在的，而非主观臆测的。(2) 具有可补救性。损害在程度上具有一定的严重性，在法律上认为有给予补救的必要，并且有补救的可能性。损害包括财产损害、人身损害、人格损害和精神损害。

（三）因果关系

违法行为与损害后果之间有因果关系是确定损害赔偿责任的客观基础，即行为是导致损害的原因，损害是行为的必然结果。

（四）过错

过错是行为人实施违法行为时的心理状态，是行为人对自己行为损害后果的主观态度。但是，若要确定行为人是否存在这种心理状态则要通过外在行为表现本身进行判断。

——《中华人民共和国民法典》

第一百零九条　自然人的人身自由、人格尊严受法律保护。

第一百一十条　自然人享有生命权、身体权、健康权、姓名权、肖像权、名誉权、荣誉权、隐私权、婚姻自主权等权利。

法人、非法人组织享有名称权、名誉权和荣誉权。

第一千一百六十五条　行为人因过错侵害他人民事权益造成损害的，应当承担侵权责任。

依照法律规定推定行为人有过错，其不能证明自己没有过错的，应当承担侵权责任。

第一千一百六十七条　侵权行为危及他人人身、财产安全的，被侵权人有权请求侵权人承担停止侵害、排除妨碍、消除危险等侵权责任。

第一千一百九十四条　网络用户、网络服务提供者利用网络侵害他人民事权益的，应当承担侵权责任。法律另有规定的，依照其规定。

第一千一百九十五条　网络用户利用网络服务实施侵权行为的，权利人有权通知网络服务提供者采取删除、屏蔽、断开链接等必要措施。通知应当包括构成侵权的初步证据及权利人的真实身份信息。

网络服务提供者接到通知后，应当及时将该通知转送相关网络用户，并根据构成侵权的初步证据和服务类型采取必要措施；未及时采取必要措施的，对损害的扩大部分与该网络用户承担连带责任。

权利人因错误通知造成网络用户或者网络服务提供者损害的，应当承担侵权责任。法律另有规定的，依照其规定。

第一千一百九十七条　网络服务提供者知道或者应当知道网络用户利用其网络服务侵害他人民事权益，未采取必要措施的，与该网络用户承担连带责任。

——《中华人民共和国未成年人保护法》

第七十七条　任何组织或者个人不得通过网络以文字、图片、音视频等形式，对未成年人实施侮辱、诽谤、威胁或者恶意损害形象等网络欺凌行为。

遭受网络欺凌的未成年人及其父母或者其他监护人有权通知网络服务提供者采取删除、屏蔽、断开链接等措施。网络服务提供者接到通知后，应当及时采取必要的措施制止网络欺凌行为，防止信息扩散。

——2001年最高人民法院《关于确定民事侵权精神损害赔偿责任若干问题的解释》（法释〔2001〕7号）

第一条　自然人因下列人格权利遭受非法侵害，向人民法院起诉请求赔偿精神损害的，人民法院应当依法予以受理：

（一）生命权、健康权、身体权；

（二）姓名权、肖像权、名誉权、荣誉权；

（三）人格尊严权、人身自由权。

违反社会公共利益、社会公德侵害他人隐私或者其他人格利益，受害人以侵权为由向人民法院起诉请求赔偿精神损害的，人民法院应当依法予以受理。

第八条　因侵权致人精神损害，但未造成严重后果，受害人请求赔偿精神损害的，一般不予支持，人民法院可以根据情形判令侵权人停止侵害、恢复名誉、消除影响、赔礼道歉。

因侵权致人精神损害，造成严重后果的，人民法院除判令侵权人承担停止侵害、恢复名誉、消除影响、赔礼道歉等民事责任外，可以根据受害人一方的请求判令其赔偿相应的精神损害抚慰金。

网络虚拟主体有名誉权吗?

【案例一】胡芳芳是一名小学教师，其使用网名“天静小斋”在网络上多次发表文章，因文笔出色而小有名气。尤其是在某论坛上她具有较高的知名度，一些报社和电视台都曾对其做过专访。然而有一位名为“如花美眷”的网民（实名张某戈）在该论坛上多次发表帖子针对“天静小斋”，并对其进行言语中伤。“天静小斋”要求“如花美眷”赔礼道歉并删除帖子无果后，以名誉权受侵犯为由将对方告上法庭，请求法院判令其赔礼道歉并赔偿精神抚慰金。经审理，法院认为被告张某戈的行为实际构成对胡芳芳名誉权的侵害，最终支持了胡芳芳的请求。①

【案例二】16 岁的君君是某游戏公司旗下一款名为“奇迹 MU”的网络游戏玩家，其名下价值 2 万元的 18 个游戏账号被该公司公告为霸占游戏资源的长期在线账号，从而被永久封停。经复查

---

① 参见申君:《达州网络侵权第一案尘埃落定》，载《达州广播电视报》2006 年第 5 期。

后公司将处罚措施改为冻结 7 天的临时冻结，并将其游戏角色公布在使用外挂的封停名单中。君君的游戏角色在游戏内的名誉因此遭受严重损害。对于使用外挂的问题，实际情况是，君君在家中安放了十台电脑用于打游戏，并通过路由器建立的网络环境登录游戏，故其 18 个游戏角色并不存在使用外挂登录的现象。该公司公布了君君所有游戏角色的名称，致使其他玩家在百度贴吧、游戏论坛中对君君进行谩骂等。因会被有过节的玩家报复，君君的游戏角色之后也无法正常进行游戏。该公司将君君的游戏角色列入使用外挂名单还导致其他玩家不敢购买其出售的装备，致使其游戏装备无法以市场平均价格出售而不得不降价出售。这些都使君君在精神上和财产上遭受了不小的打击和损害。于是君君起诉该公司，要求该公司以发布公告的形式向其名下的 18 个游戏角色赔礼道歉，并赔偿损失。法院以游戏角色不享有名誉权、原告充值的钱款在正常参与游戏的过程中也会产生消耗为由驳回了君君的全部诉讼请求。①

互联网的普及使人们与网络的关系越来越密切，人们在网络上所创造的虚拟主体越来越能够体现和代表人们的个性特征。那么，我们所创造的网络虚拟主体也能和我们一样享有名誉权吗？

案例一中原告作为网民“天静小斋”在网络上活动，被告发布的多篇带有中伤性言论的帖子也都是针对“天静小斋”而非现实中的胡芳芳，所以网络虚拟主体“天静小斋”是否享有名誉权是裁判的关键。原告认为，“天静小斋”这一网名代表着唯一的现实主体，且具有一定的名气，因此很多人都知道其实被告所针对的就是胡芳

① 改编自上海市浦东新区人民法院〔2016〕沪 0115 民初第 88312 号民事判决书。

芳本人，胡芳芳的名誉权在实际上受到了损害。此时因虚拟主体和现实主体紧密相连，所以虚拟主体享有名誉权。

而案例二的情况却大不相同。虽然网络游戏角色也是由现实的人所创设，且玩家会投入相当的时间和金钱去经营游戏角色，角色也会因此而拥有特定的名声和地位，但其本质上却与普通的网络“用户”具有完全不同的性质。所谓网络游戏虚拟角色，是自然人或法人通过以网络 TCP/IP 协议为基础的网络游戏程序编制而成，用于参与网络游戏各项活动。简而言之，网络游戏角色是通过电脑程序自动生成的，其本质为存放在计算机存储设备中的数据。①

虚拟角色具有以下四种特性：第一，虚拟性。游戏角色是通过计算机程序在电脑屏幕或其他电子设备上予以呈现的，其本身是虚构的并没有实体形态。第二，拟人性。当前网络游戏程序创造的虚拟角色在外形上可以和人类一模一样，但其始终是个虚拟的角色，其行为是依照玩家的意志与指示作出的，其本身不具备独立意识。第三，价值性。玩家可以通过购买或者参与游戏活动等方式取得游戏角色，因玩家需要支付对价或者付出一定的劳动，所以可以认定游戏角色具有财产性价值，第四，流通性。正是因为游戏角色本身具有价值，且玩家可以通过更改登录密码的方式对角色进行转让，因此游戏角色实际上具备了自由流通的性质。基于上述原因，虚拟角色虽然依照人的外形和特点来设置，但并不属于“人”的范畴，其本质应属于“物”，是具有财产性价值的虚拟财产，与法律意义上的公民或者法人具有本质上的区别。更重要的是，虚拟角色并不具有很强的“个人指向性”，与现实主体的联系并不紧密，所以并

---

① 参见上海市浦东新区人民法院〔2016〕沪 0115 民初第 88312 号民事判决书。

不享有名誉权。

也许会有疑问，像网民“天静小斋”一样的网络虚拟主体其实同样具有虚拟性、拟人性和流通性等特性，其本身也并没有实体形态，与现实社会中的人也存在本质区别，为何这样的主体却能够享有名誉权呢？这个问题并非没有争议，然而多数人认为，这种以用户注册方式产生的网络虚拟主体是能够与现实中的自然人或法人形成一一对应关系的，而这种对应关系的确立是其能够享有名誉权的关键。实践中并不要求该虚拟主体具有一定的知名度，也不要求这种对应为公众所知悉，只要能够证明存在对应关系即可。①而网络游戏虚拟角色通常通过电脑程序自动生成，其形成过程中无须玩家键入个人信息等，因此很难说与现实中的主体形成了一一对应的关系。

由于以注册方式产生的网络虚拟主体能够与现实中的自然人或法人一一对应，所以对该虚拟主体的谩骂、侮辱和诽谤则很可能会实际上造成现实主体的名誉受损，其现实主体的社会评价也会因此降低，所以应允许该虚拟主体主张名誉权保护。而对于网络游戏虚拟角色，虽然当虚拟角色的名声被诋毁时，其在游戏中的各项活动也会相应受到影响，此时必然会造成玩家的损失，但这种损失通常只是财产上的损失而非名誉上的毁损，因此，虚拟角色不应享有名誉权。故而案例二中君君的请求最终并未得到法院的支持。

---

① 肖云成：《关于网络名誉侵权认定中的相关问题》，载无讼阅读：http：//victory. itslaw. cn/victory/api/v1/articles/article/bbffaaff-cf80-4a4a-bb4c-5514720c2d51？downloadLink=2&source=wechat，2020年4月16日访问。

法律小课堂

——《中华人民共和国民法典》

第一百一十条　自然人享有生命权、身体权、健康权、姓名权、肖像权、名誉权、荣誉权、隐私权、婚姻自主权等权利。

法人、非法人组织享有名称权、名誉权和荣誉权。

个人信息泄露遭损失时怎么办?

【案例一】申女士通过携程的官方App为同事订购了两张东方航空公司承运的联程机票。就在第一班飞机起飞前，申女士的手机收到了一个署名为“东方航空”的手机短信。该短信的内容为，申女士预订的航班由于出现机械故障已被取消，通知其致电客服办理退票手续。申女士称，她按照短信的提示拨打了那个“客服电话”，对方能够准确地说出乘机人信息，并且“承诺”退给申女士1250元。不想，这个短信却是骗子的“圈套”，最终申女士在骗子的诱导下先后给对方转去近12万元。在意识到自己被骗后，申女士向派出所报了案，并将携程起诉至法院，要求赔偿。最后，法院正式宣判，认定携程公司在信息安全管理方面存在一定的漏洞，未尽到对个人信息的保管义务，并判决其赔偿申女士经济损失费5万元并向其赔礼道歉。①

---

① 参见黄硕:《网络购机票被骗10余万 携程被判赔偿5万元》，载《人民法院报》2019年1月3日，第3版。

【案例二】某日，小林所在公司的工作人员为小林订购了一张由成都飞往昆明的机票，并以转账的方式向四川航空公司官方网站支付420元的购票费（实际支付370元，另外50元由会员账户积分1000分抵扣）。在订票同时，小林所在公司的工作人员将小林的手机号码告知四川航空公司，并于当日收到四川航空公司发送的成功出票信息及航班信息。同月9日，小林的手机收到短信，说小林所订购的航班因故将停飞，要求其办理退票或改签手续。后小林另行订购了一张云南祥鹏航空公司的成都飞往昆明的机票，并支付469元。后经证实，小林之前订购的航班并未取消。

于是小林向法院提起诉讼，请求依法判令四川航空公司全额退还机票款，赔偿小林因购买其他航空公司机票而产生的差额款；对小林信息泄露情况进行调查，向小林赔礼道歉等。法院最终支持了小林要求金钱赔偿和赔礼道歉的诉讼请求。①

【案例三】阿文与小张都是某公寓的业主，同时小张还是该公寓业主委员会的副主任。某年6月，阿文因纠纷将该公寓业主委员会起诉至法院，法院立案受理后，依法向业委会送达开庭传票、起诉状等诉讼材料。同年8月，小张作为业委会副主任在微信群内发布信息称："××年×月×日业委会收到××法庭传票，业主××告业委会……"应微信群内个别成员的要求，小张将领取的开庭传票、起诉状以照片的方式发布在业主群内。因阿文起诉业委会的《起诉状》上有其姓名、住址、身份证号码、联系电话等信息，但小张在业主微信群中公布时并未做隐名或模糊化处理，阿文知道该情况后便报警。三日后，小张在业主微信群内发布致歉信息，内容为：

① 改编自四川省成都市中级人民法院〔2015〕成民终字第1634号民事判决书。

“两天前，我将业主起诉业委会的《起诉状》和《答辩状》发到本群内，无意中泄露了业主个人隐私，在此深表歉意。特此声明。今后凡带个人隐私的信息，都要注意隐含。”阿文后将小张起诉至法院，要求其立即删除帖子，公开赔礼道歉并赔偿其精神损失。经审理，法院判决小张删除在群内发布的含有阿文个人隐私信息的帖子，并在群内向阿文赔礼道歉，但驳回了阿文的其他诉讼请求。①

互联网科技的发展为我们提供了极大的信息便利的同时，却也给我们的信息安全造成了极大的威胁。公民个人信息是指以电子或者其他方式记录的能够单独或者与其他信息结合识别特定自然人身份或者反映特定自然人活动情况的各种信息，包括姓名、身份证件号码、联系方式、住址、账号密码、财产状况、行踪轨迹等。公民个人信息具有显著的唯一性和独特性，通过个人信息可以准确地识别每个公民个体，也因此识别性是个人信息的核心属性。个人信息作为我们每个人的独特标识，与我们的生命、财产及人格息息相关，正因如此它成为了不法分子虎视眈眈的对象。但在生活中，因身份识别的需要，我们总不免会要向外界披露我们的个人信息，有时候范围甚至涉及个人的私密领域。因此，不仅是由于公民个人应小心保管自己的个人信息，作为信息收集方的各大机构、企业平台、学校以及其他组织对于公民所提交的个人信息更应尽到妥善保管义务。

案例一和案例二都是企业平台未能妥善保管公民的个人信息，致使不法分子利用泄露信息实施诈骗，最终导致公民的财产损失。

① 改编自北京市昌平区人民法院〔2017〕京 0114 民初第 15482 号民事判决书。

这样的案例屡见不鲜，生活中大量诈骗电话、诈骗短信的产生也都是由于公民个人信息泄露所造成的。一般来说，携程公司和四川航空公司出于正常提供服务的需要，有权搜集消费者的个人信息，但它们同时负有保障消费者个人信息安全的法定义务。根据《中华人民共和国消费者权益保护法》（以下简称《消费者权益保护法》）的规定，经营者应当采取技术措施和其他必要措施，以确保信息安全，防止消费者个人信息泄露、丢失。在发生或可能发生信息泄露、丢失的情况时，应当立即采取补救措施。携程等公司在提供网络服务的过程中，通过对用户数据的搜集和维护，从而获得了巨大的财产收益，因此也应负担防止危险的义务。所以，携程等公司作为网络服务提供者，既然从自己架构的数据系统中获得了利益，就应当对系统危险隐患所造成的损害后果承担责任。①

案例一和案例二中的携程公司和四川航空公司均未能证明信息泄露并非由本公司所为，也未能证明其采取了确保消费者信息安全的技术措施和其他必要措施，因此两公司均未尽到保障消费者个人信息安全的相关义务，是不符合法律的规定的，对于消费者的损失应承担赔偿责任。也就是说，当遇到案例一和案例二的情形，遭受损失的消费者可以依据《消费者权益保护法》向人民法院提起诉讼，要求服务提供者承担停止侵害、赔礼道歉、赔偿损失等责任，若损失数额较大，还应及时向公安机关报案。

案例三则属于另一种侵犯公民个人信息的情形。案例三中的被告作为业主委员会的委员，收集业主的个人信息以及对涉及全体业主利益的重大事项进行公示、汇报是其工作职责，也是为了更好地

---

① 黄硕：《网络购机票被骗 10 余万 携程被判赔偿 5 万元》，载《人民法院报》2019 年 1 月 3 日，第 3 版。

履行管理职责。然而实行自我管理并不意味着业委会等基层管理者可以肆意披露公民的个人信息，或者打着“维护业主知情权”的旗号随意公开业主信息。公民的个人信息属于公民的隐私，受到法律的保护，他人不得非法侵扰、知悉、收集、利用和公开。即使业委会并非出于营利目的，仅是为了进行服务和管理，但原则上也只能有限地公开业主的个人信息，尤其对于身份证号等私密性较强的信息，未经同意一般不得进行披露，否则便会产生业主的个人隐私信息被他人泄露和非法利用的风险。因此，当遇到案例三这样的情况，不要被管理者所说的“履行职责之需要”“不公开则会侵犯其他业主的知情权”等理由所迷惑，应敢于维护自己的合法权益，积极采取行动保护自己的隐私权和个人信息安全不受侵犯，必要时可依法提起诉讼。

鉴于未成年人个人信息的重要性，新修订通过的《中华人民共和国未成年人保护法》新增了信息处理者在处理未成年人个人信息时应当遵循的基本原则，同时新增了网络服务提供者的提示义务。信息处理者通过网络处理未成年人的个人信息应当遵循合法、正当和必要原则，如果可以通过其他方式回避处理未成年人个人信息应当优先选择回避处理。此外，如果涉及的对象为不满十四周岁的未成年人，信息处理者在处理之前还应当征得未成年人的父母或者监护人同意。如果未成年人、父母或其他监护人认为处理的个人信息有误或者认为不应当通过网络处理的，可以要求信息处理者更正或删除未成年人个人信息。信息处理者在收到要求后，应当及时采取措施予以更正或删除。

网络服务提供者发现未成年人通过网络发布私密信息的情形时，应当及时向未成年人发送提示，提醒未成年人保护好个人信息，并及时采取必要的保护措施，防止未成年人个人信息的泄露。

法律小课堂

——《中华人民共和国消费者权益保护法》

第二十九条　经营者收集、使用消费者个人信息，应当遵循合法、正当、必要的原则，明示收集、使用信息的目的、方式和范围，并经消费者同意。经营者收集、使用消费者个人信息，应当公开其收集、使用规则，不得违反法律、法规的规定和双方的约定收集、使用信息。经营者及其工作人员对收集的消费者个人信息必须严格保密，不得泄露、出售或者非法向他人提供。经营者应当采取技术措施和其他必要措施，确保信息安全，防止消费者个人信息泄露、丢失。在发生或者可能发生信息泄露、丢失的情况时，应当立即采取补救措施。经营者未经消费者同意或者请求，或者消费者明确表示拒绝的，不得向其发送商业性信息。

第五十条　经营者侵害消费者的人格尊严、侵犯消费者人身自由或者侵害消费者个人信息依法得到保护的权利的，应当停止侵害、恢复名誉、消除影响、赔礼道歉，并赔偿损失。

——《中华人民共和国网络安全法》

第四十条　网络运营者应当对其收集的用户信息严格保密，并建立健全用户信息保护制度。

第四十一条　网络运营者收集、使用个人信息，应当遵循合法、正当、必要的原则，公开收集、使用规则，明示收集、使用信息的目的、方式和范围，并经被收集者同意。网络运营者不得收集与其提供的服务无关的个人信息，不得违反法律、行政法规的规定和双方的约定收集、使用个人信息，并应当依照法律、行政法规的规定和与用户的约定，处理其保存的个人信息。

第四十二条　网络运营者不得泄露、篡改、毁损其收集的个人信息；未经被收集者同意，不得向他人提供个人信息。但是，经过处理无法识别特定个人且不能复原的除外。网络运营者应当采取技术措施和其他必要措施，确保其收集的个人信息安全，防止信息泄露、毁损、丢失。在发生或者可能发生个人信息泄露、毁损、丢失的情况时，应当立即采取补救措施，按照规定及时告知用户并向有关主管部门报告。

第四十三条　个人发现网络运营者违反法律、行政法规的规定或者双方的约定收集、使用其个人信息的，有权要求网络运营者删除其个人信息；发现网络运营者收集、存储的其个人信息有错误的，有权要求网络运营者予以更正。网络运营者应当采取措施予以删除或者更正。

第四十四条　任何个人和组织不得窃取或者以其他非法方式获取个人信息，不得非法出售或者非法向他人提供个人信息。

第四十五条　依法负有网络安全监督管理职责的部门及其工作人员，必须对在履行职责中知悉的个人信息、隐私和商业秘密严格保密，不得泄露、出售或者非法向他人提供。

第六十四条　网络运营者、网络产品或者服务的提供者违反本法第二十二条第三款、第四十一条至第四十三条规定，侵害个人信息依法得到保护的权利的，由有关主管部门责令改正，可以根据情节单处或者并处警告、没收违法所得、处违法所得一倍以上十倍以下罚款，没有违法所得的，处一百万元以下罚款，对直接负责的主管人员和其他直接责任人员处一万元以上十万元以下罚款；情节严重的，并可以责令暂停相关业务、停业整顿、关闭网站、吊销相关业务许可证或者吊销营业执照。违反本法第四十四条规定，窃取或者以其他非法方式获取、非法出售或者非法向他人提供个人信息，尚不构成犯罪的，由公安机关没收违法所得，并处违法所得一倍以上十倍以下罚款，没有违法所得的，处一百万元以下罚款。

——《中华人民共和国未成年人保护法》

第七十二条　信息处理者通过网络处理未成年人个人信息的，应当遵循合法、正当和必要的原则。处理不满十四周岁未成年人个人信息的，应当征得未成年人的父母或者其他监护人同意，但法律、行政法规另有规定的除外。

未成年人、父母或者其他监护人要求信息处理者更正、删除未成年人个人信息的，信息处理者应当及时采取措施予以更正、删除，但法律、行政法规另有规定的除外。

第七十三条　网络服务提供者发现未成年人通过网络发布私密信息的，应当及时提示，并采取必要的保护措施。

——2019年中央网信办、工业和信息化部、公安部、市场监管总局《关于开展App违法违规收集使用个人信息专项治理的公告》

一、App运营者收集使用个人信息时要严格履行《网络安全法》规定的责任义务，对获取的个人信息安全负责，采取有效措施加强个人信息保护。遵循合法、正当、必要的原则，不收集与所提供服务无关的个人信息；收集个人信息时要以通俗易懂、简单明了的方式展示个人信息收集使用规则，并经个人信息主体自主选择同意；不以默认、捆绑、停止安装使用等手段变相强迫用户授权，不得违反法律法规和与用户的约定收集使用个人信息。倡导App运营者在定向推送新闻、时政、广告时，为用户提供拒绝接收定向推送的选项。

三、有关主管部门加强对违法违规收集使用个人信息行为的监管和处罚，对强制、过度收集个人信息，未经消费者同意、违反法律法规规定和双方约定收集、使用个人信息，发生或可能发生信息泄露、丢失而未采取补救措施，非法出售、非法向他人提供个人信息等行为，按照《网络安全法》《消费者权益保护法》等依法予以处罚，包括责令App运营者限期整改；逾期不改的，公开曝光；情节严重的，依法暂停相关业务、停业整顿、吊销相关业务许可证或者吊销营业执照。

大数据时代我们该如何保护自己的个人信息？

1. 妥善处置快递单、车票、购物小票等包含个人信息的单据。很多单据都是个人信息泄露的重灾区。快递单、火车票、飞机票以及购物小票上或多或少都会有个人的姓名、地址、手机号码、证件号码等个人信息。若将这些单据随意丢弃，就等于为不法分子收集我们个人信息提供了便利，所以对待单据必须谨慎处理。例如，我们可以在扔掉快递包装前，把快递单上的信息用黑色的碳素笔涂黑，或者可以在填收件信息时留下自己的化名，而不使用真实姓名。这样既不耽误收快递又不会过度披露个人信息。

对于火车票、飞机票、购物小票等，我们可以集中保存后再进行集中销毁，以免每次因匆忙或者疏忽大意而导致信息泄露。

2. 不要随意扫码或者点击来路不明的链接。手机扫码为我们的工作和生活提供了极大便利，但却也使不法分子有了可乘之机，使二维码诈骗、二维码盗窃等案件频频发生。对于在公众场所张贴或展示的二维码，我们并不清楚这些二维码中到底隐含了什么，因此不要随意扫码连接公共免费 Wi-Fi，不要随意参加扫码领礼品等活动，以防我们的个人信息被盗取、支付密码被破解等。对于来路不明的链接也是一样，我们应时刻保持警惕，以免点击之后有病毒侵入手机、电脑，盗走我们的重要资料或者钱财。

3. 不使用某手机号码时，要注意解绑与该手机号码关联的各种账号。由于用户只拥有手机号码的使用权，因此手机号码停用之后通信公司会对号码进行回收，并再次销售给其他人。所以当我们换新手机号时，要注意解除与原手机号绑定的各种银行卡、社交账号，以免我们的信息和资金安全受到威胁。

4. 社交软件谨慎设置密码。微信、QQ 等社交软件要设置安全系数较高的密码，以防被他人轻易破解；也不要随便加身份不明的好友，并且不要轻易在群聊、贴吧、论坛等平台透露个人信息。

5. 所有重要的个人证件绝不外借，并注意妥善保管。

如何看待原创作品抄袭及图片“二改”现象？

【案例一】刚上高三的小金一直喜欢摄影。每次拍完照后，小金都会把拍得好的照片挑出来精修，然后在图片上打上自己设计的水印后发在微博上供大家欣赏。有一天小金在上网时，看到自己的图片被别人直接作为原创内容发布在了微博上，且该微博并没有注明图片是来源于小金的微博，图片上小金设计的水印被去掉了，图片的色调也有所改动。小金翻到该微博下的评论，很多网友都表示很喜欢这些图片，并夸博主拍得好，但博主却从未表明这些图片不是他拍摄的。于是小金私信博主，表明自己才是这些图片的原创者，并要求博主删除该微博。经协商后，博主删除了该微博，并另发微博向小金致歉。

【案例二】2017 年，根据网络同名小说改编的电视剧《三生三世十里桃花》热播，小说原著再次陷入抄袭泥潭。早在 2008 年该小说开始连载时就争议不断，作者“唐七公子”被指抄袭另一作家“大风刮过”的作品《桃花债》，但“唐七公子”一直否认抄袭。为平息此事，“唐七公子”最终将该作品提请鉴定，最终四川西部知识产权司法鉴定所出具的《著作权司法鉴定意见书》显示：文学作品小说《三生三世十里桃花》和《桃花债》，其故事梗概、人物设置、人物关系和情节发展不同，不构成著作权法意义上的抄袭。①

互联网时代信息传播和流通的速度都大大加快。随着网络论坛、贴吧、博客、微博等交流互动平台的兴起和发展，越来越多人喜欢在网络上分享自己的原创作品。例如，很多人在网上连载自己小说或者漫画，上传自己拍摄的视频、图片以及自己编写或者翻唱的歌曲，与社会大众共享，并通过网络获得反馈。这种经由网络实现的实时共享和互动机制极大地满足了人们精神生活的需求的同时，新的问题也随之产生。由于互联网的传播速度极快，转载、转发等操作又极为简单，且网络又具有匿名性，很多原创作品传着传着便“更名易主”，最终使其无法分辨清楚出处和来源。其中更不乏不怀好意之人为获得更多关注，把他人所创作的优质作品当成自己的智力成果予以传播，或是抄袭他人作品、剽窃他人创意等。正因为这样的现象屡见不鲜，原创作者的知识产权反而因网络的发展而受到更多的威胁。因此，在互联网迅速发展的今天，应积极关注并更加重视公民知识产权的法律保护问题。

所谓知识产权，是指人们对其智力劳动成果所依法享有的专有权利，保护的是公民的智力劳动成果。知识产权主要分为三类，即著作权、专利权和商标权。文学作品抄袭，原创图片“二改”等一般仅涉及原作者著作权保护的问题。

著作权即版权，是指文学、艺术、科学技术作品创作者对其作

---

① 《〈三生三世十里桃花〉抄袭风波始末，竟然这样》，载搜狐网：http：//www. sohu. com/a/165304737_99978406，2020 年 4 月 19 日访问。

品所享有的印刷出版和销售等权利。其他人若要对该作品进行复制、翻译、改编，或在网络上进行传播等，都要经过著作权人的许可，否则均构成侵权。

我国公民对其创作的作品，不论是否发表，依法享有著作权。案例一中，小金对自己拍摄的图片享有著作权。他人未经小金的同意，对小金的图片进行了二次编辑和改动，并且还抹去了小金的水印，这便是所谓的图片“二改”。不仅如此，侵权者直接将小金的图片作为自己的原创内容在网络上发布，甚至在公众对这些图片的出处产生错误认识时，侵权者也没有作出澄清，表明自己并非图片的原创作者。这些行为严重侵害了小金的著作权，小金有权依据有关法律向该人主张损害赔偿。

著作权并非一种抽象而笼统的权利，它一共包含 17 项权利内容，涉及人身权和财产权两个方面。因此，侵犯他人著作权的行为必定是侵犯了这 17 项具体权利中的某一项或多项。例如案例一中，行为人未经小金的同意对其图片进行“二改”，侵犯了小金著作权中的修改权，即修改或者授权他人修改作品的权利；行为人直接将小金的图片当做自己的原创作品发布微博，并且未注明出处，侵犯了小金著作权中的信息网络传播权，即以有线或者无线方式向公众提供作品，使公众可以在其个人选定的时间和地点获得作品的权利。

案例二中的《三生三世十里桃花》涉嫌抄袭事件曾闹得沸沸扬扬，也牵扯出了许多网络文学作品的抄袭事件。文学作品存在抄袭现象也是屡见不鲜，学生的作文、学术论文之间的抄袭也是其中常见的典型。抄袭当然是侵犯著作权的行为，其中涉及的具体权利可能是复制权、改编权，若抄袭的是外文资料，则还可能涉及翻译权等。

简而言之，虽然案例一与案例二中的侵权行为表现形式不同，侵犯的权利内容不同，但都是对原作者智力成果的掠夺，并不存在抄袭比其他行为的侵权程度更为严重，其他行为则没那么严重的说法。尤其是在微博、微信朋友圈等共享平台发达的今天，案例一中的侵权行为其实更为常见，对此现象我们须给予更多的警惕。

虽然不当引用或者使用他人的作品很可能会构成对他人著作权的侵犯，但并非只要存在相似或者雷同之处，就构成侵权。很多时候，尽管两个作品存在多处相似，或者整体风格上给人感觉很像，也并不一定构成抄袭。这意味着著作权的保护是有限度的，侵权的判断需遵循一定的标准和原则，并不能只靠"感觉"。现在判定是否构成抄袭的标准为"接触加实质性相似"原则。接触是指侵权人曾有机会看到或者了解到原作者享有著作权的作品。一般情况下，只要人们能够通过电视网络、广播、图书馆等途径接触到作品，都可以认为侵权人曾接触该作品。若原作者的作品尚未通过网络或者其他方式公之于众，或是可以证明涉嫌抄袭的人无论如何都不可能接触过此作品，那么就算最后出现了与原作高度相似的作品，也不能认定该人构成侵权，只能说纯属巧合。

实质性相似意为侵权人的作品与原作存在一定程度的相似。显然这个标准在判断上有一定的难度，须由法官结合案件的具体事实，并依据不同专业领域的规范和方法予以判断，即"具体案件具体分析"，所以这类判断通常较为复杂。并且，专业人士的鉴定结果可能会和普通公众的认知有所偏差。就如案例二中，《三生三世十里桃花》一书被举出多处与《桃花债》相似之处，甚至连整体风格都被认为十分相似，作者"唐七公子"也因此受到舆论的攻击。但最后专业鉴定结果表明，《三生三世十里桃花》并不构成著作权法意义上的抄袭。尽管很多人都觉得这本书与《桃花债》存在实质性的相似之处，但法律上的判断却并非如此。因此，对于抄袭、剽窃等行为的判定，应始终依照法律及各种规范规定的客观标准进行，不应只凭感觉便妄下定论，否则也会造成对他人名誉的侵害。

当前，有许多未成年人通过网络分享自己创作的诗歌、拍摄的照片和录制的视频等。这些原创作品都是我们辛苦创作出来的作品，是我们智慧的结晶、精神的财富，它们是有价值的，自然也受法律的保护。法律为鼓励科学技术的进步及文学艺术的发展，对公民的智力成果提供保护。所以一旦出现未经我们同意非法传播、改编我们作品的情况时，就要积极运用法律武器进行维权。但同时我们也应当知晓，这样的保护并不是无限度的，这些保护必须以遵守一定的规则和条件作为前提。如此，才能兼顾“前人”与“后人”的利益，鼓励“后人”站在巨人的肩膀上创作出更好的作品。

法律小课堂

——《中华人民共和国著作权法》

第二条　中国公民、法人或者其他组织的作品，不论是否发表，依照本法享有著作权。

第九条　著作权人包括：（一）作者；（二）其他依照本法享有著作权的公民、法人或者其他组织。

第十条　著作权包括下列人身权和财产权：（一）发表权，即决定作品是否公之于众的权利；（二）署名权，即表明作者身份，在作品上署名的权利；（三）修改权，即修改或者授权他人修改作品的权利；（四）保护作品完整权，即保护作品不受歪曲、篡改的权利；（五）复制权，即以印刷、复印、拓印、录音、录像、翻录、翻拍等方式将作品制作一份或者多份的权利；（六）发行权，即以出售或者赠与方式向公众提供作品的原件或者复制件的权利；（七）出租权，即有偿许可他人临时使用电影作品和以类似摄制电影的方法创作的作品、计算机软件的权利，计算机软件不是出租的主要标的的除外；（八）展览权，即公开陈列美术作品、摄影作品的原件或者复制件的权利；（九）表演权，即公开表演作品，以及用各种手段公开播送作品的表演的权利；（十）放映权，即通过放映机、幻灯机等技术设备公开再现美术、摄影、电影和以类似摄制电影的方法创作的作品等的权利；（十一）广播权，即以无线方式公开广播或者传播作品，以有线传播或者转播的方式向公众传播广播的作品，以及通过扩音器或者其他传送符号、声音、图像的类似工具向公众传播广播的作品的权利；（十二）信息网络传播权，即以有线或者无线方式向公众提供作品，使公众可以在其个人选定的时间和地点获得作品的权利；（十三）摄制权，即以摄制电影或者以类似摄制电影的方法将作品固定在载体上的权利；（十四）改编权，即改变作品，创作出具有独创性的新作品的权利；（十五）翻译权，即将作品从一种语言文字转换成另一种语言文字的权利；（十六）汇编权，即将作品或者作品的片段通过选择或者编排，汇集成新作品的权利；（十七）应当由著作权人享有的其他权利。著作权人可以许可他人行使前款第（五）项至第（十七）项规定的权利，并依照约定或者本法有关规定获得报酬。著作权人可以全部或者部分转让本条第一款第（五）项至第（十七）项规定的权利，并依照约定或者本法有关规定获得报酬。

第四十七条　有下列侵权行为的，应当根据情况，承担停止侵害、消除影响、赔礼道歉、赔偿损失等民事责任：（一）未经著作权人许可，发表其作品的；（二）未经合作作者许可，将与他人合作创作的作品当作自己单独创作的作品发表的；（三）没有参加创作，为谋取个人名利，在他人作品上署名的；（四）歪曲、篡改他人作品的；（五）剽窃他人作品的；（六）未经著作权人许可，以展览、摄制电影和以类似摄制电影的方法使用作品，或者以改编、翻译、注释等方式使用作品的，本法另有规定的除外；（七）使用他人作品，应当支付报酬而未支付的；（八）未经电影作品和以类似摄制电影的方法创作的作品、计算机软件、录音录像制品的著作权人或者与著作权有关的权利人许可，出租其作品或者录音录像制品的，本法另有规定的除外；（九）未经出版者许可，使用其出版的图书、期刊的版式设计的；（十）未经表演者许可，从现场直播或者公开传送其现场表演，或者录制其表演的；（十一）其他侵犯著作权以及与著作权有关的权益的行为。

第四十八条　有下列侵权行为的，应当根据情况，承担停止侵害、消除影响、赔礼道歉、赔偿损失等民事责任；同时损害公共利益的，可以由著作权行政管理部门责令停止侵权行为，没收违法所得，没收、销毁侵权复制品，并可处以罚款；情节严重的，著作权行政管理部门还可以没收主要用于制作侵权复制品的材料、工具、设备等；构成犯罪的，依法追究刑事责任：（一）未经著作权人许可，复制、发行、表演、放映、广播、汇编、通过信息网络向公众传播其作品的，本法另有规定的除外；（二）出版他人享有专有出版权的图书的；（三）未经表演者许可，复制、发行录有其表演的录音录像制品，或者通过信息网络向公众传播其表演的，本法另有规定的除外；（四）未经录音录像制作者许可，复制、发行、通过信息网络向公众传播其制作的录音录像制品的，本法另有规定的除外；（五）未经许可，播放或者复制广播、电视的，本法另有规定的除外；（六）未经著作权人或者与著作权有关的权利人许可，故意避开或者破坏权利人为其作品、录音录像制品等采取的保护著作权或者与著作权有关的权利的技术措施的，法律、行政法规另有规定的除外；（七）未经著作权人或者与著作权有关的权利人许可，故意删除或者改变作品、录音录像制品等的权利管理电子信息的，法律、行政法规另有规定的除外；（八）制作、出售假冒他人署名的作品的。

未成年人网络犯罪与被害预防篇

近年来，网络犯罪已经成为了一个耳熟能详的词语。随着信息网络技术的发展和我国人民生活水平的提高，未成年人接触网络的渠道也更加多样，这在某方面确实为未成年人的学习提供了一定便利。但与此同时，网络上的信息鱼龙混杂，网络犯罪层出不穷。未成年人的自我控制能力、是非辨识能力不高，在易于接触到不良信息的网络环境中，很容易受人误导走上歪路，或者成为网络犯罪的被害人。大部分未成年人由于法律知识匮乏，法律意识较为淡薄，往往无法对自己的行为或遭遇作出准确的判断，也不清楚在遭受网络犯罪侵害后该如何寻求救济。本篇会从加害人和被害人两个角度分析与未成年人相关的常见的网络犯罪，并提出相应的预防建议，希望能给未成年人一些警醒和启发。

以网络作为媒介的猥亵行为

2017年1月，菲菲（未满14周岁）通过QQ认识了自称“施文”的罗某，两人成为网友。起初，罗某一直缠着菲菲要看生活照，之后得寸进尺竟然开口要“裸照”。菲菲感觉受到冒犯，便从好友列表中将其删除。

罗某于是找到与菲菲同校的网友玲玲，威胁玲玲配合他向菲菲言语施压以逼其就范。与此同时，罗某用自己另一个QQ号化名“史雯”，冒充菲菲的同校“学姐”，向菲菲哭诉自己“以前不听施文的话，被他找人侵犯了”，给菲菲施加压力。

缺乏社会经验的菲菲信以为真，惊惧交加，重新加“施文”为好友。罗某见自己的做法起效，直接威胁菲菲“发裸照”，否则就找人绑架她。害怕不已的菲菲只好按照罗某的动作要求自拍了数张裸照传过去。

照片在手，罗某更加肆无忌惮。之后数周，他在QQ上不断用语言骚扰、威胁菲菲，强迫她“出来开房”，否则“就把照片发给老师和同学”。菲菲极不情愿，但又怕罗某真的把照片散布出去，可谓进退维谷，在矛盾中惶恐度日。2017年2月中旬，在学校听了老师讲的一堂网络安全教育课后，菲菲终于鼓起勇气，将自己的遭遇告诉了老师。老师查看了菲菲的聊天记录，顿觉事态严重，立刻通知辖区派出所及其家长。2月23日，菲菲在妈妈的陪同下向公安机关报案。3月4日，罗某被警方抓获，手机中保存的裸照被当场收缴。

检察院以猥亵儿童罪对罗某提起公诉。8月，法院一审判决下达，虽认定罗某构罪，但认为其威胁菲菲出来“开房”未得逞，属于犯罪未遂，判处有期徒刑一年，对公诉机关认为“罗某强迫菲菲发裸照并获取的行为已构成猥亵儿童罪，且属既遂”的指控不予支持。检察院收到判决后，认为法院认定事实及适用法律均有错误，当即决定抗诉。二审中采纳了检察院全部抗诉意见，于2017年年底作出终审判决，认定罗某构成猥亵儿童罪既遂，依法从重处罚，改判其有期徒刑两年。①

猥亵儿童罪，是指猥亵不满14周岁儿童的行为。实践中，以欺骗、引诱的方法居多，但不排除使用暴力、胁迫的手段。我国刑法对幼女给予了更高程度的保护，儿童性别不同时，猥亵的含义有所差别。男性对被害幼女的性侵行为中，两性性器的实质性接触构成强奸罪，其他性行为属于猥亵。而女性对男童的“猥亵”则包括所有性行为，也包括性交行为。

本案中，罗某通过QQ威胁、恐吓未满14周岁的幼女菲菲按其要求自拍裸照发送给其观看，继而以公开裸照相威胁，要求菲菲与其见面“开房”。罗某知道菲菲的就读年级、见过其生活照，案件事实可以显示罗某明知菲菲是幼女。

---

① 周晶晶、付静宜：《一起猥亵儿童案经抗诉获改判》，载《检察日报》2018年6月12日，第4版。

同时猥亵的方式很多，既包括行为人直接的身体猥亵，也包括强制儿童观看淫秽音像制品等，还包括迫使儿童对自身或他人身体进行猥亵。一审法院认为，司法实践中的猥亵大多有直接的身体接触，罗某始终未与菲菲见过面，侵害均是通过网络进行，性侵行为没有得逞。因此，一审法院未考虑罗某的网络行为，而是凭借“开房”未得逞判处其犯罪未遂。

但是，认定猥亵的关键点有二：一是满足行为人的刺激或性欲目的；二是侵害了儿童的身心健康和人格尊严。在本案中罗某的行为符合这两个特征。他不仅通过观看被害人的照片满足了自己的目的，其行为还对被害人产生了足够的心理强制，使之身心受到严重损害。即使其行为没有直接接触到被害人，但与直接的身体接触造成的伤害并无本质区别，均侵害了儿童的性羞耻心及人格尊严。据此，罗某通过 QQ 强迫被害人发裸照，行为即已着手实行，在获得裸照时行为即已实施完毕，犯罪已既遂。之后罗某利用裸照继续强迫被害人开房的行为，只是变换猥亵行为方式进一步实施犯罪，这并不影响前一个猥亵行为已实施完毕的结果。不管是前期的非直接接触，还是后期欲以直接接触方式实施犯罪，两种行为都是猥亵的表现形式。① 这也正是检察院抗诉，二审改判的缘由所在。根据我国《刑法》的规定，罗某的行为属于以胁迫方法猥亵儿童，应当从重处罚，但由于情节较轻，悔罪表现较好，二审判处有期徒刑两年。

我国《刑法》对于对象为儿童的猥亵行为相较于成人规定了更严厉的刑罚，这体现出我国对儿童身心健康的重视，也是对社会其他人的警告和威慑。然而，层出不穷的儿童性骚扰现象也告诉我们，仅仅凭借法律手段保护儿童身心健康是不够的。从儿童遭受性

---

① 周晶晶、付静宜：《一起猥亵儿童案经抗诉获改判》，载《检察日报》2018 年 6 月 12 日，第 4 版。

骚扰甚至猥亵的特点来看，防止儿童遭受性骚扰要从学校和家庭两方面下手。双方必须加强儿童的性意识和防范意识，使儿童明确上网的禁忌，知道哪些东西不能碰触，哪些信息不能泄露，哪些要求绝对不能答应。同时，我们必须使儿童知道在遭受侵害后正确的处理方式，不能让其一个人闷在肚子里，使事态恶化。最后，对于遭受了性侵害的儿童，我们必须做好事后的心理安抚工作，以尽可能减轻其心理创伤，恢复正常生活。

法律小课堂

强制猥亵他人、侮辱妇女罪；猥亵儿童罪

——《中华人民共和国刑法》

第二百三十七条【强制猥亵、侮辱罪】以暴力、胁迫或者其他方法强制猥亵他人或者侮辱妇女的，处五年以下有期徒刑或者拘役。

聚众或者在公共场所当众犯前款罪的，或者有其他恶劣情节的，处五年以上有期徒刑。

猥亵儿童的，处五年以下有期徒刑；有下列情形之一的，处五年以上有期徒刑：（一）猥亵儿童多人或者多次的；（二）聚众猥亵儿童的，或者在公共场所当众猥亵儿童，情节恶劣的；（三）造成儿童伤害或者其他严重后果的；（四）猥亵手段恶劣或者有其他恶劣情节的。

——2013 年最高人民法院、最高人民检察院、公安部、司法部《关于依法惩治性侵害未成年人犯罪的意见》（法发〔2013〕12 号）

19. 知道或者应当知道对方是不满十四周岁的幼女，而实施奸淫等性侵害行为的，应当认定行为人“明知”对方是幼女。

对于不满十二周岁的被害人实施奸淫等性侵害行为的，应当认定行为人“明知”对方是幼女。

对于已满十二周岁不满十四周岁的被害人，从其身体发育状况、言谈举止、衣着特征、生活作息规律等观察可能是幼女，而实施奸淫等性侵害行为的，应当认定行为人“明知”对方是幼女。

22. 实施猥亵儿童犯罪，造成儿童轻伤以上后果，同时符合刑法第二百三十四条或者第二百三十二条的规定，构成故意伤害罪、故意杀人罪的，依照处罚较重的规定定罪处罚。

对已满十四周岁的未成年男性实施猥亵，造成被害人轻伤以上后果，符合刑法第二百三十四条或者第二百三十二条规定的，以故意伤害罪或者故意杀人罪定罪处罚。

23. 在校园、游泳馆、儿童游乐场等公共场所对未成年人实施强奸、猥亵犯罪，只要有其他多人在场，不论在场人员是否实际看到，均可以依照刑法第二百三十六条第三款、第二百三十七条的规定，认定为在公共场所“当众”强奸妇女，强制猥亵、侮辱妇女，猥亵儿童。

25. 针对未成年人实施强奸、猥亵犯罪的，应当从重处罚，具有下列情形之一的，更要依法从严惩处：

（1）对未成年人负有特殊职责的人员、与未成年人有共同家庭生活关系的人员、国家工作人员或者冒充国家工作人员，实施强奸、猥亵犯罪的；

（2）进入未成年人住所、学生集体宿舍实施强奸、猥亵犯罪的；

（3）采取暴力、胁迫、麻醉等强制手段实施奸淫幼女、猥亵儿童犯罪的；

(4) 对不满十二周岁的儿童、农村留守儿童、严重残疾或者精神智力发育迟滞的未成年人，实施强奸、猥亵犯罪的；

(5) 猥亵多名未成年人，或者多次实施强奸、猥亵犯罪的；

(6) 造成未成年被害人轻伤、怀孕、感染性病等后果的；

(7) 有强奸、猥亵犯罪前科劣迹的。

如何预防未成年人遭受网络性侵？

近年来，网络性骚扰、猥亵现象非常猖獗，它不仅极大损害了未成年人的身心健康，也破坏了社会风气，其影响甚至会伴随被害人一生。由于网络本身具有的广泛联结、任意联结特点，网络性侵也具有隐秘性、长期性、受害者多的特点。

为了避免儿童遭受网络性侵，有以下几点建议。

学校：应该积极开展课堂教育，增强孩子性意识和防范意识，让孩子了解哪些行为是底线，绝对不可做。

家庭：家长应该多陪伴孩子，减少孩子的上网时间及对网络的依赖性；多与孩子进行沟通交流，获得孩子的信赖；发生伤害后要及时安慰孩子，而不是一味斥责打骂。

未成年人：应该懂得自我保护和拒绝，要有是非意识，遇事及时向老师或家长报告；定期和家长交流沟通，分享快乐和烦恼。

利用他人个人信息获利后的牢狱之灾

【案例一】16岁的何某，从小就不爱学习，初中之后就辍学打工了。一天，她接到表哥罗某的电话，罗某说他们在做点小生意，需要一个人在双方之间进行联系，其工作性质类似于淘宝客服那种，全都是在网上进行联系，问她是否做这份工作，待遇还不错。她考虑了一下，就答应了。“工作”的流程大概是这样的：罗某从霍某（当地民警）那儿获得车辆卡口等信息，使用其女友张某的手机微信和绑定的银行卡号，经霍某同意并确认后，由张某帮其收取赃款。接着，罗某购买了一部iPad mini2平板电脑，由何某使用该电脑，通过网络联系买家和霍某，在买家与霍某之间传递信息。霍某接到何某的消息后，按照买家的需求在公安内部网络查询车辆的卡口照片等信息，再通过邮箱发送给何某。何某将上述信息贩卖给买家，并使用张某提供的二维码收款。之后，由罗某与霍某核对信息数量、赃款数额，继而联系张某向霍某转账。罗某等人主要将霍某提供的公民个人信息贩卖给重庆市南岸区某汽车销售有限公司王某等人。汽车售后服务人员使用这些信息确定欠债车辆的位置后，通过扣押车辆来逼迫贷款人还债。在追债过程中，在重庆市南岸区某停车场发生了强行扣车致使车辆及车库设施损坏的事件。截至事发被警察抓捕之前，罗某等人贩卖公民个人信息共获赃款数10万元，何某从中获利约6万元。

此外，罗某还和师某共谋，利用师某担任河北省保定市徐水区公安局留村派出所辅警的职务便利，由师某使用该派出所三名所领导的数字证书，按照买家的需求在公安内网查询公民个人的户籍、住宿信息，并通过网络发送给何某，何某将上述信息贩卖给买家。在此期间，罗某等人非法获利共计9000余元。

后罗某因犯侵犯公民个人信息罪，被判处有期徒刑二年六个月，并处罚金50000元；何某因犯侵犯公民个人信息罪，被判处有期徒刑六个月，缓刑一年，并处罚金20000元。①

【案例二】2018年3月，唐某某为实施电信诈骗，通过QQ聊天向他人索要公民个人信息6万余条，同年4月21日，唐某某将6万余条公民个人信息用于实名认证号。该6万余条公民个人信息中包含公民姓名、身份证号码等个人信息，其中有41条为淮北市公民个人信息。同年4月30日，唐某某通过“交钱返利”活动骗取淮北师范大学滨湖校区学生王某2500元，后把该2500元返还受害人王某。唐某某最终因犯侵犯公民个人信息罪，判处有期徒刑三年，并处罚金人民币1万元。②

---

① 案例改编自重庆市第五中级人民法院〔2018〕渝05刑终第838号刑事判决书。

② 案例改编自安徽省淮北市烈山区人民法院〔2019〕皖0604刑初第14号刑事判决书。

案例一和案例二中的行为人都涉嫌侵犯公民个人信息罪。该罪是指违反国家有关规定，向他人出售或者提供公民个人信息，情节严重；或者违反国家有关规定，将在履行职责或者提供服务过程中获得的公民个人信息，出售或者提供给他人；或者窃取或者以其他方法非法获取公民个人信息的行为。本罪的犯罪对象是公民个人信息，特征在于可识别性，如果相关信息由于经过处理而无法识别特定个人且不能复原的，即不再认为属于公民个人信息。在司法实践中，公民个人信息被侵犯并非是单一的基本信息被侵犯，通常是广泛的、全面的信息被犯罪分子侵犯，具体包括：公民身份信息，如公民的姓名、身份证号、户籍、护照和驾驶证等信息；公民的财产信息，如涉及银行交易明细、银行账户、淘宝和支付宝账户、游戏账户和密码等信息；公民的行踪轨迹信息，多为手机定位、通话位置、航班、出入境等信息；其余的还包括车牌号、快递单、购物名单、工作单位、劳动合同信息等。

近年来，侵犯公民个人信息的犯罪行为屡见不鲜，其行为主要具有以下五个特征：一是将学生、汽车、房产及银行信息为集中作案对象，因其个人信息内容丰富且数量巨大；二是企业负责人为该类案件的主要犯罪主体；三是公民个人信息的最初提供者多为服务机构内部人员；四是网络交易为公民个人信息的主要获取方式；五是获取的公民信息多用于业务推广、出售牟利或从事其他违法犯罪行为。而该类案件高发的原因包括四个，具体而言，一是行业监管不利导致公民个人信息泄露；二是商业活动需求大，犯罪成本低；三是下游违法犯罪催生侵犯公民个人信息的不法活动；四是公民对个人信息的保护意识不强，警惕性低。① 而随着时间流逝，这一行

---

① 《侵犯公民个人信息类犯罪案件呈现五个特点应引起重视》，载北京市人民代表大会常务委员会官网：http：//www.bjrd.gov.cn/xwzx_1/xwkx/qxrddt/201610/t20161018_167285.html，2020 年 5 月 9 日访问，原发布日期为 2016 年 10 月 18 日。

为也呈现出新的趋势。首先，公民个人信息的获取不再局限于从合法获取人手中购买，黑客攻击成为一个新的获取渠道，即利用黑客手段侵入拥有大量公民个人信息数据的单位，大肆盗取或复制公民个人信息之后在网络兜售。其次，为了规避刑法的打击，不法行为人以“对等交换”“信息共享”等方式，交换各自拥有的公民信息数据，实行分散打包。最后，该不法行为已经形成了目标精准化、标签化的黑灰产业链。以案例一中的车辆信息为例，不法行为人将所有与车辆相关的信息打包，备注标签即为“车管”，此外，还有类似于“家装”“医疗”等标签。

未成年人大多数时候是侵犯个人信息罪的被害人，主要表现为本人收到骚扰短信、骚扰电话、被诈骗等。此外，也存在利用未成年人的个人信息，将之作为威胁其亲属的工具和诈骗其亲属的手段。例如使用技术手段以未成年人的电话号码拨打其家长的电话，谎称是其同学，以其本人受伤了需要支付医药费为由，骗取家长财物等。

同时，未成年人参与侵犯公民个人信息犯罪的案例也并不少，部分未成年人已成为侵犯公民个人信息犯罪中的加害人。例如案例一中，何某就是被其表哥“拉下水”从而成为犯罪人的。实践中，未成年人成立侵犯公民个人信息罪往往是与成年人构成共同犯罪，而且一般都是受雇佣负责买卖双方之间的沟通或是收付款工作，基本不涉及信息的获取。因此，未成年人在这类犯罪中往往是处于辅助的地位，属于从犯。案例一中，公民个人信息是霍某、师某等具有特殊身份的人利用职务便利所获取的，构成犯罪时依法不要求具备“情节严重”，也就是说公民个人信息的数量和类型不影响罪名的成立。而且，案例一中行为人同时实施了出售行为，因而构成侵犯公民个人信息罪。另外，“在追债过程中，在重庆市南岸区某停车场发生了强行扣车致使车辆及车库设施损坏的事件”的情形可以认定为“情节严重”，这影响刑罚的轻重，但不影响罪名的成立。

案例二中，唐某某的行为属于“以其他方法非法获取公民个人信息的行为”，因为其以实施犯罪为目的收集公民个人信息。侵犯公民个人信息罪有三种行为类型：第一种是“违反国家有关规定，向他人出售或者提供公民个人信息，情节严重”，其中，“提供公民个人信息”既指向特定人提供公民个人信息，也指通过信息网络或者其他途径发布公民个人信息或者未经被收集者同意，将合法收集的公民个人信息向他人提供；第二种是“窃取公民个人信息的行为”；第三种即为本案例中唐某某“以其他方法非法获取公民个人信息的行为”。在本案中，唐某某实际上实施了两个犯罪行为，即侵犯公民个人信息行为和诈骗行为。其中，诈骗行为是目的行为，侵犯公民个人信息行为是方法行为，但由于其诈骗数额较小，未达到刑事立案标准，因此直接以侵犯公民个人信息罪定罪处罚。如果诈骗金额较大，则同时成立诈骗罪与侵犯公民个人信息罪，则择一重罪从重处罚。

未成年人实施侵犯公民个人信息罪的主要原因在于法律意识淡薄。侵犯公民个人信息罪属于行政犯罪，即本罪并非如故意杀人罪、抢劫罪等自然犯一般，因严重违背社会伦理道德而理所当然被普通公民视为为犯罪，本罪实质上是严重违反行政管理法规的行为。正因如此，其刑事违法性较难被认识到。不过，行为人对于某种行为刑事违法性的无知并不影响其行为构成犯罪。而且，普通公民都应当知道，泄露他人隐私并买卖他人隐私“赚钱”是不道德乃至违法的行为。未成年人应当加强法律常识的学习，积极参加各类普法宣传活动。

而防止未成年人成为该类犯罪的被害人，仍然需要全社会的通力合作。例如，加强行业规制，打击违法犯罪源头；努力进行网络净化，遏制信息交易渠道；加强普法宣传，增强群众自防意识能力。因为公民个人信息的泄露有两个源头，其一是个人自愿填写，随着实名制的推广，各种注册都要求填写个人信息，对此公民必须谨慎处理；其二则是网络泄露。因此，未成年人应当增强自身防范意识，促进养成保护个人信息的行为习惯，如日常生活中不随意丢弃包含个人信息的单据；避免在社交软件上透露真实身份信息；不贸然参加网络“调查问卷”等互动活动；在公共场合使用无保护或来源不明的 WI-FI 时，切勿进行涉及银行卡密码、各类验证码等操作；收到短信、即时聊天软件发来的不明链接，勿轻易点击；接到相关诈骗电话后提高警惕，以预防次生犯罪等。①

法律小课堂

侵犯公民个人信息罪

——《中华人民共和国刑法》

第二百五十三条之一【侵犯公民个人信息罪】违反国家有关规定，向他人出售或者提供公民个人信息，情节严重的，处三年以下有期徒刑或者拘役，并处或者单处罚金；情节特别严重的，处三年以上七年以下有期徒刑，并处罚金。

违反国家有关规定，将在履行职责或者提供服务过程中获得的公民个人信息，出售或者提供给他人的，依照前款的规定从重处罚。

① 《侵犯公民个人信息类犯罪案件呈现五个特点应引起重视》，载北京市人民代表大会常务委员会官网，http：//www. bjrd. gov. cn/xwzx _1/xwkx/qxrddt/201610/t20161018_167285. html，2020 年 5 月 9 日访问，原发布日期为 2016 年 10 月 18 日。

窃取或者以其他方法非法获取公民个人信息的，依照第一款的规定处罚。

单位犯前三款罪的，对单位判处罚金，并对其直接负责的主管人员和其他直接责任人员，依照各该款的规定处罚。

——2013 最高人民法院、最高人民检察院、公安部《关于依法惩处侵害公民个人信息犯罪活动的通知》（公通字〔2013〕12 号）

二、正确适用法律，实现法律效果与社会效果的有机统一。侵害公民个人信息犯罪是新型犯罪，各级公安机关、人民检察院、人民法院要从切实保护公民个人信息安全和维护社会和谐稳定的高度，借鉴以往的成功判例，综合考虑出售、非法提供或非法获取个人信息的次数、数量、手段和牟利数额、造成的损害后果等因素，依法加大打击力度，确保取得良好的法律效果和社会效果。出售、非法提供公民个人信息罪的犯罪主体，除国家机关或金融、电信、交通、教育、医疗单位的工作人员之外，还包括在履行职责或者提供服务过程中获得公民个人信息的商业、房地产业等服务业中其他企事业单位的工作人员。公民个人信息包括公民的姓名、年龄、有效证件号码、婚姻状况、工作单位、学历、履历、家庭住址、电话号码等能够识别公民个人身份或者涉及公民个人隐私的信息、数据资料。对于在履行职责或者提供服务过程中，将获得的公民个人信息出售或者非法提供给他人，被他人用以实施犯罪，造成受害人人身伤害或者死亡，或者造成重大经济损失、恶劣社会影响的，或者出售、非法提供公民个人信息数量较大，或者违法所得数额较大的，均应当依法以出售、非法提供公民个人信息罪追究刑事责任。对于窃取或者以购买等方法非法获取公民个人信息数量较大，或者违法所得数额较大，或者造成其他严重后果的，应当依法以非法获取公民个人信息罪追究刑事责任。对使用非法获取的个人信息，实施其他犯罪行为，构成数罪的，应当依法予以并罚。单位实施侵害公民个人信息犯罪的，应当追究直接负责的主管人员和其他直接责任人员的刑事责任。要依法加大对财产刑的适用力度，剥夺犯罪分子非法获利和再次犯罪的资本。

——2017年最高人民法院、最高人民检察院《关于办理侵犯公民个人信息刑事案件适用法律若干问题的解释》（法释〔2017〕10号）

第八条　设立用于实施非法获取、出售或者提供公民个人信息违法犯罪活动的网站、通讯群组，情节严重的，应当依照刑法第二百八十七条之一的规定，以非法利用信息网络罪定罪处罚；同时构成侵犯公民个人信息罪的，依照侵犯公民个人信息罪定罪处罚。

第九条　网络服务提供者拒不履行法律、行政法规规定的信息网络安全管理义务，经监管部门责令采取改正措施而拒不改正，致使用户的公民个人信息泄露，造成严重后果的，应当依照刑法第二百八十六条之一的规定，以拒不履行信息网络安全管理义务罪定罪处罚。

第十条　实施侵犯公民个人信息犯罪，不属于“情节特别严重”，行为人系初犯，全部退赃，并确有悔罪表现的，可以认定为情节轻微，不起诉或者免予刑事处罚；确有必要判处刑罚的，应当从宽处罚。

——《中华人民共和国网络安全法》

第二十一条　国家实行网络安全等级保护制度。网络运营者应当按照网络安全等级保护制度的要求，履行下列安全保护义务，保障网络免受干扰、破坏或者未经授权的访问，防止网络数据泄露或者被窃取、篡改：

（一）制定内部安全管理制度和操作规程，确定网络安全负责人，落实网络安全保护责任；

（二）采取防范计算机病毒和网络攻击、网络侵入等危害网络安全行为的技术措施；

（三）采取监测、记录网络运行状态、网络安全事件的技术措施，并按照规定留存相关的网络日志不少于六个月；

（四）采取数据分类、重要数据备份和加密等措施；

（五）法律、行政法规规定的其他义务。

第二十七条　任何个人和组织不得从事非法侵入他人网络、干扰他人网络正常功能、窃取网络数据等危害网络安全的活动；不得提供专门用于从事侵入网络、干扰网络正常功能及防护措施、窃取网络数据等危害网络安全活动的程序、工具；明知他人从事危害网络安全的活动的，不得为其提供技术支持、广告推广、支付结算等帮助。

莫让网络谣言满天飞

【案例一】2013年10月27日，在广东省东莞市打工的张某打电话让其父亲汇300元给他。由于他是典型的“月光族”，经常向家里要钱，因此父亲不同意给钱。于是张某对父亲说：“你若不答应寄钱给我，我就无法生存下去，也只能坐牢了。”其父仍未答应。之后，张某怒气未消，为了报复父亲，便两次拨打虚假报警电话。他决定报假警让自己坐牢，并希望通过让自己受到法律处罚的方式让父母内疚。经过分析，张某认为株洲火车站和长沙黄花机场两地旅客多，人流量大，足以扰乱公共秩序。

某日19时49分，张某用手机拨打湖南省株洲市公安局报警电话，声称其在株洲火车站附近埋了炸药。19时51分，株洲火车站立即启动应急预案，组织相关人员进行搜查排爆工作。20时28分，张某又用该手机拨打湖南省长沙市报警电话，声称其在长沙黄花机场一架飞机上安装了炸弹，该飞机将于22时爆炸。20时30分，长沙黄花机场接到指示，立即启动《地面干扰航空器应急处置预案》，对过站航班进行了清舱和重新安检，导致黄花机场10个航班延误，两个航班滑出机位后又滑回原位，9个航班的1267名旅客进行了二次安检，另有4个航班的行李进行了二次安检，还有BK2812次航班的过站和始发货物滞留未发，HU7334次航班的始发货物滞留未发。

10月28日10时许，广州铁路公安处民警将张某抓获。经查证，张某两次报警电话内容属虚假恐怖信息，严重扰乱了株洲火车站、长沙黄花机场的正常运行秩序，引起旅客心理恐慌。据各航空公司统计，共造成直接经济损失70余万元。经鉴定，张某有精神病性症状的躁狂，作案时有限制刑事责任能力。

张某行为已构成编造虚假恐怖信息罪，论罪当处五年以上有期徒刑。但他在作案时系限制刑事责任能力人，依法可以从轻或者减轻处罚，且到案后如实供述自己的罪行，依法可以从轻处罚，张某最终被判处有期徒刑四年。①

【案例二】曾某自己运营了一个微信公众号，本人负责编辑工作，并通过运营公众号赚取一些广告费。某日，其朋友徐某从他人处接收一段视频，转发于聊天群中，并附文字描述称：视频内容系安徽省阜南县苗集镇两户人家因拆房纠纷引发命案，致七人死亡。曾某经过查证，发现该视频的真实事件系一起交通事故。但是，为了提高其微信公众号的阅读量从而提高广告费用，在明知该视频与描述情况不符后，他仍使用电脑将视频内容截图并编辑文字说明，以“一家七口横尸满地！现场惨不忍睹，太恐怖了！”为标题制作了一则虚假信息，并于当日在微信公众号上发布。截至次日11时39分，该虚假信息点击阅读量超过十万次，引发大量不明真相的网民和阜南县苗集镇外出务工人员对家乡社会治安及当地政府工作

---

① 方君：《谎称机场有炸弹，只为报复父亲?》，载《人民法院报》2014年2月24日，第7版。

的不满。最后，曾某因编造、故意传播虚假信息罪被判处有期徒刑两年。①

案例一涉嫌编造、故意传播虚假恐怖信息罪。该罪是指编造爆炸威胁、生化威胁、放射威胁等恐怖信息，或者明知是编造的恐怖信息而故意传播，严重扰乱社会秩序的行为。编造、故意传播虚假恐怖信息属于编造、故意传播虚假信息即“造谣传谣”行为的一种，不过两者的“谣言”内容不同。“虚假恐怖信息”是指以发生爆炸威胁、生化威胁、放射威胁、劫持航空器威胁、重大灾情、重大疫情等严重威胁公共安全的事件为内容，可能引起社会恐慌或者公共安全危机的不真实信息。对于恐怖信息，仅仅是“编造”即可构成犯罪，而对于险情、疫情、灾情、警情等其他信息，除了“编造”之外，还需要“在信息网络或者其他媒体上传播”才能构成犯罪。

案例一中，张某两次编造虚假爆炸信息，属于恐怖信息的一种，其编造行为符合编造、故意传播虚假恐怖信息罪的客观要件。张某的行为是本人精心策划，有预谋的实施的，犯罪故意明显。而且，其编造虚假恐怖信息的行为造成各航空公司接报后按照应急处置预案的指令，采取了停止登机、对旅客和托运货物、行李重新安检、飞机清仓、二次登机，造成飞机延误、中断飞机滑行、回滑返回停机位等应急措施，造成直接经济损失 70 余万元，属于“造成严重后果”。由于鉴定出张某有精神病性症状的躁狂，作案时属于限制刑事责任能力依法可以从轻或者减轻处罚。限制刑事责任能

---

① 改编自李媛媛：《编造、故意传播虚假信息 一女子获刑两年》，载中国法院网：https：//www. chinacourt. org/article/detail/2016/07/id/2020998. shtml，2020 年 4 月 16 日访问。

力，即行为人作案时意识清楚，但辨认和控制行为的能力有所减弱。

案例二中行为人涉嫌编造、故意传播虚假信息罪。该罪是编造虚假的险情、疫情、灾情、警情，在信息网络或者其他媒体上传播，或者明知是上述虚假信息，故意在信息网络或者其他媒体上传播，严重扰乱社会秩序的行为。曾某虽未编造虚假信息，但其在明知信息与真实情况不符的情况下，仍然将虚假警情在媒体上传播，可以认定其“故意”传播。该虚假信息的耸人听闻的标题、明确的地域指向和短时间巨大点击阅读量均表明，曾某的行为已经严重扰乱了社会秩序，甚至影响到了政府公信力，其应当承担刑事责任。

法律小课堂

涉虚假物质和传播虚假信息犯罪

——《中华人民共和国刑法》

第二百九十一条之一【投放虚假危险物质罪】投放虚假的爆炸性、毒害性、放射性、传染病病原体等物质，或者编造爆炸威胁、生化威胁、放射威胁等恐怖信息，或者明知是编造的恐怖信息而故意传播，严重扰乱社会秩序的，处五年以下有期徒刑、拘役或者管制；造成严重后果的，处五年以上有期徒刑。

【编造、故意传播虚假恐怖信息罪】编造虚假的险情、疫情、灾情、警情，在信息网络或者其他媒体上传播，或者明知是上述虚假信息，故意在信息网络或者其他媒体上传播，严重扰乱社会秩序的，处三年以下有期徒刑、拘役或者管制；造成严重后果的，处三年以上七年以下有期徒刑。

——2014年最高人民法院、最高人民检察院、公安部《关于办理暴力恐怖和宗教极端刑事案件适用法律若干问题的意见》（公通字〔2014〕34号）

二、准确认定案件性质

（五）编造以发生爆炸威胁、生化威胁、放射威胁、劫持航空器威胁、重大灾情、重大疫情等严重威胁公共安全的事件为内容的虚假恐怖信息，或者明知是虚假恐怖信息而故意传播、散布，严重扰乱社会秩序的，以编造、故意传播虚假恐怖信息罪定罪处罚。

编造虚假信息，或者明知是编造的虚假信息，在信息网络上散布，或者组织、指使他人在信息网络上散布，造成公共秩序严重混乱，同时构成寻衅滋事罪和编造、故意传播虚假恐怖信息罪的，依照处罚较重的规定定罪处罚。

三、明确认定标准

（二）对是否“明知”的认定，应当结合案件具体情况，坚持重证据，重调查研究，以行为人实施的客观行为为基础，结合其一贯表现，具体行为、程度、手段、事后态度，以及年龄、认知和受教育程度、所从事的职业等综合判断。曾因实施暴力恐怖、宗教极端违法犯罪行为受到行政、刑事处罚、免予刑事处罚，或者被责令改正后又实施的，应当认定为明知。其他共同犯罪嫌疑人、被告人或者其他知情人供认、指证，行为人不承认其主观上“明知”，但又不能作出合理解释的，依据其行为本身和认知程度，足以认定其确实“明知”或者应当“明知”的，应当认定为明知。

正确用好网络表达权

未成年人身心发育不成熟，世界观、人生观、价值观尚未完全形成，他们渴望彰显个性但又缺乏必要的科学文化知识和辨别是非能力。相比于成年人，未成年人更容易冲动，并因一时冲动犯下大错。这种冲动不仅限于思虑不全，也包括动机幼稚，对行为后果缺乏认识等。例如案例一中的张某就是出于对父亲的报复心理而实施了犯罪行为，虽然他对自己的行为有计划，但对具体的行为后果和可能造成的危害却缺乏认识。

对于此种情况，我们能够采取的措施包括：

第一，引导未成年人树立正确的人生观和价值观。家长、老师要对社会的复杂性及未成年人的身心特点有全面了解，同时要言传身教、以身作则，从而深化民族精神和时代精神教育，给未成年人建立正确的是非观。

第二，给未成年人进行相关的普法教育，尤其是违法犯罪的相关法律后果和对其以后生活的影响，并强化其法律意识，使其了解法律，自觉遵守法律，避免因一时冲动毁掉整个人生。

第三，未成年人自己要学会克制，在作出决定之前深思熟虑，尤其要权衡利弊，事先想清楚自己是否能够承受相应的后果。

网络不是“法外之地”

【案例一】2015年2月至6月，王某某与郭某甲在交往过程中获取了郭某甲的裸体照片。2015年7月，郭某甲不同意与其继续交往提出分手，王某某不同意，后王某某见郭某甲分手态度坚决，便以在网上传播郭某甲裸体照片相要挟，向郭某甲索要现金20000元。同年7月24日，郭某甲被迫给其转账500元。同年8月1日，郭某甲及其朋友对王某某进行殴打，将王某某手机内存储的裸照删除。

2015年8月3日至5日，王某某一气之下将QQ聊天记录内郭某甲的裸体照片配以“求包养”“小姐”等文字及郭某甲的手机号码信息在网络上进行传播，具体包括：(1) 在“淇县人民交友群”里（群里大约60人），发布郭某甲裸露身体的私密照片，约4张；还配有一些信息，信息的内容大致为“淇县小姐，求包养，淇县大洼村郭某甲”，并附上郭某甲的手机号码等信息。(2) 用郭某甲的微信号向他人微信号上发送了一些图片和文字，有4张郭某甲的裸露照片，内容是“求包养，淇县小姐郭某甲铁西大洼村”，并附有郭某甲手机号码等信息。（3）注册了一个陌陌号码，网名是“我叫郭某”，资料里写“求包养，淇县小姐郭某，在淇县大市场女人本色服装店卖衣服的”，并附有郭某甲的手机号码等信息。之后，王某某还将该照片打印后张贴在淇县卫都街道办事处大洼村郭某甲家附近、淇县朝歌大市场郭某甲工作地等处。

最后，王某某犯诽谤罪，被判处有期徒刑六个月；犯敲诈勒索罪，被判处有期徒刑九个月，并处罚金2000元，数罪并罚，决定执行有期徒刑一年零二个月，并处罚金2000元。①

【案例二】某日晚凌晨3点，就读于吴起县高级中学的宗某某被同学高某、吴某、许某叫至426宿舍，该宿舍部分女生迫使许某与宗某某玩猜拳游戏，互相打耳光，之后又对宗某某进行殴打，并威胁宗某某，迫使宗某某将衣服脱掉，只穿内裤，并给其拍不雅照片。凌晨6时许，宗某某离开426宿舍。后宗某某同宿舍同学将宗某某送至医院。宗某某住进吴起县人民医院进行治疗，又前往延安大学附属医院、宁夏医科大学总医院诊断治疗，伤情诊断为：（1）轻型颅脑损伤、头部软组织损伤、左鼓膜穿孔；（2）腹部皮肤划伤。后高某又将宗某某的不雅照片散布于网上，造成宗某某精神失常。吴起县公安局以侮辱罪将高某等人刑事拘留。②

上述两个案例，都并非只有单纯的侮辱行为、诽谤行为，行为人在实施侮辱行为、诽谤行为的同时还实施了其他犯罪行为，只是案例二中的其他行为尚未符合其他犯罪的构成要件。

---

① 案例改编自河南省淇县人民法院〔2016〕豫0622刑初第56号刑事判决书。

② 案例改编自陕西省延安市中级人民法院〔2016〕陕06民终字第第00367号刑事判决书。

一、 诽谤罪的特征

案例一中的行为人涉嫌诽谤罪，诽谤罪是指故意捏造事实进行诽谤，损害他人人格，破坏他人名誉，情节严重的行为。要成立诽谤罪必须有捏造某种事实的行为。即诽谤他人的内容完全是虚构的，如果散布的不是凭空捏造的，而是客观存在的事实，即使有损于他人的人格、名誉，也不构成本罪。

同时，诽谤罪还必须有散布捏造事实的行为。所谓散布，就是在社会上公开地扩散。散布的方式基本上有两种：一种是言语散布；另一种是文字，即用大字报、小字报、图画、报刊、图书、书信等方法散布。而且，捏造的事实必须“足以贬损”他人，即完全可能贬损他人的人格、名誉，或者事实上已经给被害人的人格、名誉造成了实际损害。如果散布虚假的事实，但并不可能损害他人的人格、名誉，或无损于他人的人格、名誉，则不构成诽谤罪。

诽谤行为必须是针对特定的人进行的，但不一定要指名道姓，只要能从诽谤的内容上知道被害人是谁，就可以构成诽谤罪。如果行为人散布的事实没有特定的对象，不可能贬损某人的人格、名誉，就不能以诽谤罪论处。

捏造事实诽谤他人的行为必须达到情节严重才可构成诽谤罪。虽然有捏造事实诽谤他人的行为，但没有达到情节严重的程度，则不能以本罪论处。所谓情节严重，主要是指多次捏造事实诽谤他人的；捏造事实造成他人人格、名誉严重损害的；捏造事实诽谤他人造成恶劣影响的；诽谤他人致其精神失常或导致被害人自杀等情况。

案例一中，王某某“以在网上传播郭某甲裸体照片相要挟，向郭某甲索要现金 20000 元”的行为构成敲诈勒索罪。其“将 QQ 聊天记录内郭某甲的裸体照片配以‘求包养’‘小姐’等文字及郭某甲的手机号码等信息在网络上进行传播”“将该照片打印后张贴在淇县卫都街道办事处大洼村郭某甲家附近、淇县朝歌大市场郭某甲工作地等处”的行为构成了诽谤罪。

首先，郭某甲是个体服装店老板，并非性工作者，该信息与实际情况不符，属于王某某捏造的信息，且基于社会对性工作者的负面评价，该信息具有贬低郭某甲人格，破坏郭某甲名誉的极大可能性。其次，王某某将该捏造的信息不仅在网上通过多渠道广泛传播（QQ、微信、陌陌等软件），还在郭某甲生活、工作场所附近张贴其不雅照片，事实上也致使郭某甲的同事、亲朋等知悉了这一情况，尤其是裸照的传播，实际地损害了郭某甲的人格，破坏了郭某甲的名誉，属于“情节严重”中“造成他人人格、名誉严重损害的”“捏造事实诽谤他人造成恶劣影响”的情况。再次，王某某“以在网上传播郭某甲裸体照片相要挟”，表明王某某明知其行为会产生“损害他人人格，破坏他人名誉”的影响，而捏造信息加以传播，说明王某某主观上对“损害他人人格，破坏他人名誉”的结果持有追求的心理态度。最后，王某某年满16周岁，具有刑事责任能力，构成诽谤罪。

二、 侮辱罪的特征

案例二中的行为人涉嫌侮辱罪。侮辱罪是指以暴力或者其他方法公然贬低他人人格，破坏他人名誉，情节严重的行为。侮辱罪侵犯的是他人的人格尊严和名誉权。人格尊严是指公民基于自己所处的社会环境、地位、声望、工作环境、家庭关系等各种客观条件而对自己或他人的人格和社会价值的认识和尊重。所谓名誉，是指公民在社会生活中所获得的名望声誉，是一个公民的品德、才干、信誉等在社会生活中所获得的社会评价。

侮辱行为主要表现为以下几种：（1）暴力侮辱。例如以粪便泼人，以墨涂人，强剪头发，强迫他人做有辱人格的动作等，不是指殴打、伤害身体健康的暴力。如果行为人有伤害他人身体健康的故意和行为，则应以伤害罪论处。（2）言语侮辱。即用恶毒刻薄的语言对被害人进行嘲笑、辱骂，使其当众出丑，难以忍受，如口头散布被害人的生活隐私、生理缺陷等。（3）文字侮辱。即以大字报、小字报、图书、漫画、信件、书刊或者其他公开的文字等方式泄露他人隐私，诋毁他人人格，破坏他人名誉。

侮辱行为必须公然进行。所谓“公然”，是指当着第三者甚至众人的面，或者利用可以使不特定人或多数人听到、看到的方式，对他人进行侮辱。“公然”并不一定要求被害人在场。如果仅仅面对着被害人进行侮辱，没有第三者在场，则不可能被第三者知悉，不构成侮辱罪。因为没有第三者在场，则没有使被害人的名誉受到破坏的可能性。

侮辱对象必须是特定的人。特定的人既可以是一人，也可以是数人，但必须是具体的，可以确认的。在公众场合中进行无特定对象的谩骂，不构成侮辱罪。死者不能成为本罪的侮辱对象，但如果行为人表面上侮辱死者，实际上是侮辱死者家属的，则应认定为侮辱罪。

公然侮辱他人的行为必须达到情节严重的程度。虽有公然侮辱他人的行为，但不属于情节严重，则只属于一般的民事侵权行为。所谓情节严重，主要是指手段恶劣，后果严重等情形。

侮辱罪和诽谤罪在许多方面都很相似，其区别主要在于：第一，侮辱罪的行为方式中包括使用暴力方法，而诽谤罪的行为方式不包括使用暴力方法。第二，诽谤行为要求“捏造并散布虚假事实”，但不以“公然”为要件；而侮辱罪不要求捏造事实，但必须

“公然”进行。第三，侮辱往往是当着被害人的面进行的，而诽谤则是当众或者向第三者散布的。

侮辱罪、诽谤罪根据《刑法》的规定，均属于“亲告罪”，即“告诉的才处理，但是严重危害社会秩序和国家利益的除外”。“告诉才处理”是指被害人告诉才处理。如果被害人因受强制、威吓无法告诉的，人民检察院和被害人的近亲属也可以告诉。《刑法》之所以规定侮辱、诽谤罪要告诉才处理，是考虑到侮辱、诽谤行为大多发生在家庭成员、邻居、同事之间或日常生活之中，社会危害性不是很大，多数场合下可以通过调解等缓和方式来解决。此外，被害人可能不愿意让更多的人知道自己受到侮辱、诽谤的事实，如果违反被害人的意志而提起诉讼，采用刑事制裁的方法解决反而会产生相反的效果。但是“告诉才处理”并不是说不告诉就不构成犯罪，而是说不告诉对这种犯罪就不提起诉讼。

“严重危害社会秩序”，是指侮辱行为引起了被害人精神失常甚至自杀身亡等后果，被害人无法告诉或失去告诉能力的情况。“危害国家利益”，是指侮辱国家领导人、外国元首、外交使节等特定对象，既损害被害人个体的名誉，又危害到国家利益的情况。

案例二中，426 宿舍部分女生迫使许某与宗某某玩猜拳游戏，互相打耳光，之后又对宗某某进行殴打，从而造成宗某某轻型颅脑损伤、头部软组织损伤、左鼓膜穿孔以及腹部皮肤划伤的结果，属于伤害行为，已经超出了侮辱罪中暴力侮辱方法的暴力限度，构成轻伤，成立故意伤害罪。但是其“迫使宗某某将衣服脱掉，只穿内裤拍裸照”的行为具有“贬低他人人格，破坏他人名誉”的侮辱性质，暴力并未超限，属于以暴力方式进行的侮辱行为。该侮辱行为是当着多数第三人的面（426 宿舍其他女生）进行的，且后来又将宗某某的裸照散布于网上，其侮辱行为具有“公然”性。“造成宗某某精神失常”属于“情节严重”，高某等人年满 16 周岁，具有刑事责任能力，出于“贬低他人人格，破坏他人名誉”的目的，故意侮辱宗某某，构成侮辱罪。其认罪悔罪情况和赔偿情况属于量刑情节，不影响犯罪的成立。

法律小课堂

侮辱罪与诽谤罪

——《中华人民共和国刑法》

第二百四十六条【侮辱罪】以暴力或者其他方法公然侮辱他人或者捏造事实诽谤他人，情节严重的，处三年以下有期徒刑、拘役、管制或者剥夺政治权利。前款罪，告诉的才处理，但是严重危害社会秩序和国家利益的除外。通过信息网络实施第一款规定的行为，被害人向人民法院告诉，但提供证据确有困难的，人民法院可以要求公安机关提供协助。

——2013年最高人民法院、最高人民检察院《关于办理利用信息网络实施诽谤等刑事案件适用法律若干问题的解释》(法释〔2013〕21号)

第一条　具有下列情形之一的，应当认定为刑法第二百四十六条第一款规定的“捏造事实诽谤他人”：

（一）捏造损害他人名誉的事实，在信息网络上散布，或者组织、指使人员在信息网络上散布的；

（二）将信息网络上涉及他人的原始信息内容篡改为损害他人名誉的事实，在信息网络上散布，或者组织、指使人员在信息网络上散布的；

明知是捏造的损害他人名誉的事实，在信息网络上散布，情节恶劣的，以“捏造事实诽谤他人”论。

第二条　利用信息网络诽谤他人，具有下列情形之一的，应当认定为刑法第二百四十六条第一款规定的“情节严重”：

（一）同一诽谤信息实际被点击、浏览次数达到五千次以上，或者被转发次数达到五百次以上的；

（二）造成被害人或者其近亲属精神失常、自残、自杀等严重后果的；

（三）二年内曾因诽谤受过行政处罚，又诽谤他人的；

（四）其他情节严重的情形。

第三条　利用信息网络诽谤他人，具有下列情形之一的，应当认定为刑法第二百四十六条第二款规定的“严重危害社会秩序和国家利益”：

（一）引发群体性事件的；

（二）引发公共秩序混乱的；

（三）引发民族、宗教冲突的；

（四）诽谤多人，造成恶劣社会影响的；

（五）损害国家形象，严重危害国家利益的；

（六）造成恶劣国际影响的；

（七）其他严重危害社会秩序和国家利益的情形。

第四条　一年内多次实施利用信息网络诽谤他人行为未经处理，诽谤信息实际被点击、浏览、转发次数累计计算构成犯罪的，应当依法定罪处罚。

保持社交距离

人都具有社会交往性，谁都无法避免与各种各样的人打交道。在现代社会，人们越来越重视人格尊严和名誉，然而随着网络的发展，人格尊严和名誉也越来越容易受到损害。本文两个案例都是以“裸照”为手段损害被害人人格尊严和名誉的。对此，我们应该：

1. 提高敏感信息保护意识。不随意拍敏感照片，尤其不要将敏感照片上传到网上。网络并不安全，具有极高的信息泄露风险，而且网上的痕迹通常很难清除干净，并非删除了就真的不存在了。例如 QQ、微信等聊天工具的聊天信息会在双方终端备份，甚至会发送到服务器终端。

2. 男女双方交往不要毫无保留。在交往阶段，不要过于相信对方的承诺、保证，不留把柄给对方，尤其不能同意给对方拍摄、发送裸照或者不雅视频。

3. 遭遇危险勇敢维权。未成年人遭遇校园霸凌，或者被强制拍摄裸照后，不要忍气吞声，应该尽快联系家长、老师或者任何对困境解决有帮助的人。否则，只会助长加害者的嚣张气焰，导致更严重的后果。

谨防钱财“不翼而飞”

【案例一】刘先生是佛山市南海区某公司的业务员。2015 年 3 月 9 日，他准备订一张前往贵州贵阳的机票。他通过网络查询发现一个网站可以购买特价机票，于是拨打网站上提供的某客服电话。客服人员要求刘先生将购票款转到指定的银行账号，刘先生转款后，对方说转账不成功，刘先生按照对方的提示进行操作，随后发现银行卡内的现金 2 万多元被悉数转走。

于是刘先生立即报警。3 月 12 日，羊某政、羊某能等 13 名犯罪嫌疑人被警方抓获，当场缴获赃款人民币 2 万多元、作案用小汽车 4 辆及银行卡、手机等涉案物品一批。

经初步审讯，这个“机票火车票改签”的特大电信诈骗团伙，其诈骗窝点设在海南，却“承包”了包括广东、河南、福建等省的 30 多宗“机票火车票改签”的电信诈骗案，团伙成员大多为十六七岁。①

---

① 参见《未成年人网络诈骗犯罪典型案例》，载找法网：http://china.findlaw.cn/bianhu/fanzuileixing/wlfz/1249357.html，2020 年 4 月 16 日访问。

【案例二】2015 年 9 月 4 日上午，陕西省汉中市公安局汉台分局民警接到报警，称不少人收到诈骗短信。民警根据信号源，锁定其位置在汉中市中心广场附近，随后对犯罪嫌疑人龙某实施了抓捕。民警在犯罪嫌疑人龙某（17 岁）随身携带的背包里发现电源、主机以及信号发射器（伪基站装备）。

据龙某交代，从同年 7 月中旬开始，他就背着这套装备在湖南、四川、陕西等省发送诈骗短信。内容分为两种，其一是以房东讨要房租的形式，让信息接收者向某银行卡内汇款付房租；其二是以办理看守所取保候审等，需要者可致电的形式诈骗。

据办案人员介绍，龙某受雇于他人，而控制他的只是一个电话号码。龙某父亲去世，母亲改嫁，无人看管，没有上学。2016 年 7 月，他在路上遇见一人问他要不要挣钱，每天可以挣数百元，龙某便答应了。过后，此人便给了他这套装备，并教了他使用方法，之后便都是以电话短信来控制龙某，按发送量给龙某报酬。龙某每天发完后，就将发送量截图发给对方，对方以每条一分钱的价格付钱给他。①

【案例三】2013 年 7 月间，被告人许某某与卢某某共谋利用网络诈骗他人钱财，由卢某某提供笔记本电脑、银行卡等作案工具，并租赁某酒店式公寓等处作为诈骗窝点，许某某负责在婚恋网站诱骗女性被害人投资“彩票”实施诈骗。

同年 8 月间，许某某在某婚恋网站上搭识苏某某，并取得苏某某的信任，许某某谎称其是澳门彩票公司的主管，以有内幕消息可让苏某某中奖为由，诱骗苏某某“投注”人民币 1 万元。随后，卢某某以彩票公司经理的身份打电话通知苏某某中奖人民币 278 万

---

① 参见《未成年人网络诈骗犯罪典型案例》，载找法网：http://china.findlaw.cn/bianhu/fanzuileixing/wlfz/1249357.html，2020 年 4 月 16 日访问。

元，并以需缴纳银行开户费等为由，骗取苏某某汇款人民币 6 万元。同月 18 日，卢某某又联系邱某龙（另案处理）冒充“香港金融管理局”的工作人员，以苏某某的奖金被“香港金融管理局”冻结，需要解冻费用等为由，骗取苏某某再次汇款人民币 8 万元，后卢某某让卢某凯（另案处理）到银行的自动取款机上取走其中的人民币 8 万元。

诈骗后，许某某分得人民币 12000 元。案发后，福建省漳州市漳浦县公安局将卢某某抓获，并将扣押的人民币 15 万元退还给被害人苏某某。被害人苏某某对许某某表示谅解。

漳浦县人民法院经审理认为，许某某伙同他人以非法占有为目的，采用虚构事实、隐瞒真相的方法，骗取他人人民币 15 万元，数额巨大，其行为已构成诈骗罪。公诉机关指控的罪名成立。在共同犯罪中，许某某起次要作用，是从犯，且犯罪时不满 18 周岁，依法应当减轻处罚，以被告人许某某犯诈骗罪，判处其有期徒刑一年六个月。①

【案例四】诈骗犯罪人小李自述早期曾收到一条陌生号码发来的消息，称其网上购买的图书出现异常，并收到异常截图情况，截图上留有淘宝客服技术支持人员的联系方式。小李通过手机扫描二维码添加对方 QQ 号后，按照要求向对方缴纳保险费用、保证金等费用共计 2200 元人民币。对方仍然要求小李进行转款操作，但小李由于未成年，没有收入来源，资金有限无法再进行操作，对方劝说小李向朋友借款，并恐吓小李不转款后果严重。对方得知小李确实拿不出钱后，不再联系小李。此后，小李因被骗而心生懊恼，遂起意也实施诈骗行为，之后便多次实施利用虚假信息骗取他人钱财

---

① 参见《未成年人网络诈骗犯罪典型案例》，载找法网：http://china.findlaw.cn/bianhu/fanzuileixing/wlfz/1249357.html，2020 年 4 月 16 日访问。

的犯罪活动。①

【案例五】2015年8月，被告人刘某某在互联网发布传授入侵他人电脑技术、教做外挂及教他人用代码开通永久会员等虚假信息，并招收学员骗取费用。被害人张某某（10岁，在校学生）浏览该信息后，通过QQ与刘某某取得联系，并用其父手机通过“支付宝”向刘某某付费，欲学习网络游戏技术。刘某某谎称可以向张某某提供游戏源代码以帮其在网络游戏中获益。而后，刘某某通过互联网多次向张某某出售与其宣扬不符或不能使用的“网游外挂”及配套使用的“模块”，骗取张某某付款共计人民币133079.6元。②

随着网络的普及和网络支付技术的推广，网上交易逐渐成为人们的日常习惯，这为诈骗行为扩展到网络提供了基础。近年来，网络诈骗已经成为诈骗罪最主要的手段方式。而由于网络平台具有开放化、信息碎片化、传播便捷化、身份虚拟化等特点，也为未成年人实施诈骗犯罪提供了便利。

一、 网络诈骗行为的刑事责任

诈骗罪，是指以非法占有为目的，用虚构事实或者隐瞒真相的方法，骗取数额较大的公私财物的行为。诈骗罪侵犯的对象仅限于国家、集体或个人的财物，以及可用具体数额的财物进行计算的财

① 案例改编自H省未成年犯管教所真实案例。

② 《被告人刘某某提供虚假网络技术诈骗案》，载中国法院网：https:. //www.chinacourt.org/article/detail/2018/06/id/3324929.shtml，2020年4月16日访问。

产性利益，而不包括骗取其他非法利益，如交易机会，工作岗位，性服务等。

诈骗罪的特征是使用欺诈方法骗取数额较大的公私财物。欺诈行为从形式上包括两类，一是虚构事实，二是隐瞒真相，二者从实质上说都是使被害人陷入错误认识的行为。欺诈行为的内容是，在具体状况下使被害人产生错误认识，并自愿作出行为人所希望的财产处分。但这种“自愿”并非出自于行为人的真实意思，而是“错误认识”所导致的。因此不管是虚构、隐瞒过去的事实还是当下的事实或将来的事实，是全部虚构、隐瞒还是部分虚构、隐瞒，只要具有上述内容的，就是欺诈行为。欺诈行为必须达到能够使一般人产生错误认识的程度，对自己出售的商品进行夸张描述，没有超出社会容忍范围的行为，不是欺诈行为。欺诈行为的手段、方法没有限制，既可以是语言欺诈，也可以是动作欺诈。

就目前而言，常见的网络诈骗形式有：第一种，网络兼职型诈骗。这种诈骗的主要被害人为学生（尤其是大学生）、家庭主妇等有一定空闲时间，寻求额外收入的群体。这种诈骗的基础在于其所提供的兼职类型在网络上是存在的，只是诈骗分子假借该兼职名义实施犯罪活动。以网络刷单为例，“刷单”是指卖家雇佣“刷客”扮演顾客，用虚假的购物方式，帮助卖家提高商品销量和信用度的数据，并且填写虚假好评的行为，“刷客”为刷单购买商品的钱是会被退回其账户的。现实中，不少卖家为获取平台的流量，刷高店铺信誉以及冲击销量指标，会采用大规模“刷单”的做法，为这些卖家刷单的“刷客”也确实能得到报酬。然而由于“刷单”本身属于违反平台规定的行为，一般人难以找到真正的刷单渠道。诈骗分子即利用“刷单”机制的工作流程进行诈骗，其先用高额回报作为诱饵，等被雇佣的“刷客”完成刷单交易后，他们会以系统故障、网络延迟等五花八门的借口拒不退还货款，并要求“刷客”以多次汇款作为退款前提进行网络诈骗。

第二种，网络交易诈骗。这里又可以分为官方平台交易后假借客服名义诈骗和非官方平台诈骗。如案例一中就是典型的非官方平台诈骗，其整个网站就是为诈骗服务的，这种交易行为本身即属于诈骗犯罪的一部分。而官方平台交易后假借客服名义诈骗实际上与交易行为没有关联，诈骗分子利用的是消费者的购物信息，假称商品出现了问题需要立即处理，正如案例四所示。这种诈骗只要消费者先冷静，与平台取得联系确认即可避免；但需要注意的是，联系方式必须是平台提供的，而不能是“客服”提供的。

第三种，游戏交易诈骗。常见的游戏诈骗主要有低价充值、送道具、游戏中奖等形式。因为游戏交易无实物，证据难以保存和认定，金额通常较小，难以区分是自愿赠与还是诈骗，导致大多数用户被骗后只能自认倒霉。对此，为了防止被骗，在此类交易中应当更加注意：首先，选择要求实名认证并依托正规第三方支付平台的物品交易网站；其次，交易前先了解交易对象的风评，无论作为买家还是卖家，都应尽量选择历史交易记录、评价良好的交易对象；最后，交易时要在正规第三方交易平台自有的聊天工具进行沟通，并保存聊天记录，防患于未然。

回到我们的案例上，上述五个案例分别从加害和被害两个角度揭示了未成年人在网络诈骗中的角色和地位。案例一、三、四都是典型的诈骗行为，并且行为人已经获取了钱财。而案例二属于“利用发送短信、拨打电话、互联网等电信技术手段对不特定多数人实施诈骗，诈骗数额难以查证”的情形，属于诈骗罪的未遂。从上述案例来看，网络诈骗案件中作为犯罪人的未成年人有的是“个体户”，也有的属于犯罪“集团”成员，分工明确，各司其职，也有部分未成年人是被他人教唆行事。

案例四、案例五中，未成年人是诈骗罪的被害人。两个案例中的未成年人被害具有一定的共性，如冲动、轻信，并具备一定的可支配财产。可见，随着我国互联网的迅猛发展和网民规模的扩大，低龄网络用户的占比也越来越大。但是，未成年人缺乏独立经济能力的同时又具有一定消费需求，加上身心发展尚未成熟，对虚拟网络交易风险缺乏防范意识，很容易成为网络诈骗分子的“囊中之物”。

案例五中被告人利用被害人社会经验不足的弱点，加之被害人家长对孩子日常生活和网络交易常识缺乏教育、引导和监督，轻易利用互联网骗取张某某 13 万余元。这一案例也给家长提出了警示，即家长要依法履行监护责任，对未成年人使用电子产品和互联网的时间、内容等要进行引导、监督；要配合电子产品有关功能，及时了解子女用网安全；对孩子可能接触到的大额财物要严加管理，以避免陷入网络诈骗。

二、 网络诈骗的“套路”

网络诈骗案件高发，主要原因在于犯罪分子觉得这种犯罪方式成本低、风险低、“利润”高。

第一，成本低、风险低、“利润”高。犯罪分子所有的前期准备仅为一台连接互联网的电脑，设置钓鱼网站和在互联网上发布虚假信息。而互联网的开放性，使得其这一准备所面向的目标对象不计其数，积少成多的犯罪收益往往让犯罪分子不择手段。

第二，虚拟世界容易拉近人们的距离。在网络世界更容易获取他人信息，取得他人信任。例如，微信、陌陌、米聊等自媒体软件均开发了诸如“摇一摇”“扫一扫”“查找附近的人”“漂流瓶”“和陌生人说话”等新功能，通过这些新功能即使两人素昧平生也可以进行在线即时交友聊天，如果成为对方的好友，还可以浏览对方的个人信息、照片，在虚拟世界中轻而易举地掌握对方的信息，为行骗埋下了伏笔。

第三，网络世界身份容易造假。自媒体软件大多采用非实名制登记，对用户注册没有太多限制，实施诈骗犯罪的未成年人往往也可以通过使用他人信息或虚假信息的方式进行多次注册，在实施违法犯罪行为后即以注销或丢弃 SIM 卡的方式逃匿，并更换身份继续作案。网络虚拟性、关联性的特点造成了传统时空关系的分裂，使得完成一个犯罪行为的诸多要素可能分布在多个地域内。碎片化的地域分布特征增强了犯罪的非接触性，犯罪嫌疑人和受害者存在极少的交流，受害人甚至对犯罪嫌疑人的真实情况一无所知，能知道的仅仅是对方的虚拟姓名、身份、地址、联系方式。①

网络诈骗大部分以网络购物、网络兼职、网络投资等方式出现。根据作案手段不同，一般分为利益诱惑型和危机恐吓型两类。

利益诱惑型是指利用受害人贪图便宜或者渴求获取经济利益的心理，让受害者陷入错误认识，从而通过互联网骗取财物的行为。比较常见的方式有：（1）网络购物，以出售商品为名，骗取钱财，如案例一中的犯罪嫌疑人以出售机票为名行骗。（2）小额网络贷款，即允诺为受害者提供小额贷款，但先以收取手续费或保证金的名义骗取钱财。（3）注册虚假网站，例如假借婚恋、职业中介等名义设立网站，收取低额手续费骗取钱财。（4）彩票预测，即以提供彩票中奖信息为幌子，骗取钱财，如案例三中的犯罪嫌疑人先是通过网络物色对象，进行感情投资后，再通过虚构中奖信息，骗取受害者 15 万元。

危机恐吓型是指故意制造虚假危机或利用受害者陷入危机的不

① 参见《未成年人网络诈骗犯罪典型案例》，载找法网：http://china.findlaw.cn/bianhu/fanzuileixing/wlfz/1249357.html，2020 年 4 月 16 日访问。

利情形，欺骗受害者，骗取财物的行为。比较常见的危机恐吓型诈骗主要有：（1）QQ、微信等交友聊天诈骗，即虚构有突发事故等博取受害者同情，诈骗财物。（2）退订机票或演出门票诈骗，即联系购票者，谎称航班或演出取消，利用钓鱼网站骗取钱财。（3）网购退货诈骗，即谎称网购或送货不成功，给受害者发送钓鱼退货网站，骗取钱财。①

网络诈骗分子的“套路”并不高明，但总有被害人屡屡上当，主要是人们或多或少存在被害盲点症。被害人盲点症是被害人因出于某种迫切的需要和急切的欲望，以致注意狭窄，判断力减弱，失去理智，对自己所处的危险情境或所要冒的风险视而不见的一种精神状态，主要包括以下几种情况。

第一，个人信息保护有漏洞。网络诈骗往往从个人信息泄露开始，犯罪分子获取了我们的信息，才会决定将我们列为犯罪目标，才会获得联系渠道，并取信于我们。

第二，贪小便宜的心理。在这种心理的驱使下，可能不是犯罪分子找上我们，而是我们主动找上犯罪分子，例如案例一中的刘先生。在面对这种小便宜时，一定要保持清醒的头脑，首先确认该便宜的可信度有多少。其次坚守底线，即绝对不能泄露银行卡和密码，绝对不能授权让他人操控你的电脑。

第三，自信心理。这种心理往往发生在个人信息保护和反诈骗意识很强的人身上。“只有千日做贼，没有前日防贼”，有些人防骗意识很高，不过往往自诩自己不会“被骗”。但骗子无孔不入，“全天候作业”，有时候总是会抓住人的防范心理下降的时候行骗。

第四，侥幸心理。这种心理通常出现在中奖类型的诈骗中。在这种情况下，首先应当保持冷静，不要激动，更不要急着联系“工

---

① 参见《未成年人网络诈骗犯罪典型案例》，载找法网：http://china.findlaw.cn/bianhu/fanzuileixing/wlfz/1249357.html，2020年4月16日访问。

作人员”领奖，而是需要先回忆一下自己曾经是否参与过该抽奖活动，如果答案是否定的，那么很有可能这就是一个骗局。如果确实参加过抽奖活动，建议应当通过官方网站或官方渠道再次予以确认，之后再根据具体情况作出准确判断。

第五，怕事心理。这种心理通常在恐吓型诈骗中发挥作用，例如接到电话或者信息说有法院传票之类的。这种情况下，不要怕事，不要想着息事宁人以破财消灾，而应先确认消息真假，再决定该如何进行下一步行动。

法律小课堂

诈骗罪

——《中华人民共和国刑法》

第二百六十六条【诈骗罪】诈骗公私财物，数额较大的，处三年以下有期徒刑、拘役或者管制，并处或者单处罚金；数额巨大或者有其他严重情节的，处三年以上十年以下有期徒刑，并处罚金；数额特别巨大或者有其他特别严重情节的，处十年以上有期徒刑或者无期徒刑，并处罚金或者没收财产。本法另有规定的，依照规定。

——2011年最高人民法院、最高人民检察院《关于办理诈骗刑事案件具体应用法律若干问题的解释》(法释〔2011〕7号)

第九条　案发后查封、扣押、冻结在案的诈骗财物及其孳息，权属明确的，应当发还被害人；权属不明确的，可按被骗款物占查封、扣押、冻结在案的财物及其孳息总额的比例发还被害人，但已获退赔的应予扣除。

第十条　行为人已将诈骗财物用于清偿债务或者转让给他人，具有下列情形之一的，应当依法追缴：

（一）对方明知是诈骗财物而收取的；

（二）对方无偿取得诈骗财物的；

（三）对方以明显低于市场的价格取得诈骗财物的；

（四）对方取得诈骗财物系源于非法债务或者违法犯罪活动的。

他人善意取得诈骗财物的，不予追缴。

安全上网注意事项

一、上网操作注意事项

1. 不随意将陌生人添加为QQ好友、微信好友，不随便接收陌生人的视频或语音聊天请求，避免遭受端口攻击或个人隐私泄露。

2. 不随意打开不明网站链接，尤其是不良网站的链接，当陌生人通过QQ给自己发链接时，尽量不要打开。

3. 不随便打开来历不明的邮件及附件，避免设备被感染病毒，而导致设备无法使用或硬盘被格式化。

4. 不随便点击可疑网站或弹窗广告，避免浏览器遭受恶意攻击导致无法使用，还可能泄露个人终端上的敏感文件。

5. 尽量将文件扩展名设置为打开，打开前注意确认文件属性，防止恶意文件伪造图标，导致电脑感染恶意病毒。

6. 不在微博、论坛等公共平台发布不当言论。

二、防范社交网站信息泄露注意事项

1. 设置个人敏感信息保护。

2. 不轻易点击未经核实的网站链接、图片、软件等。

3. 谨慎发布个人信息，尤其是个人身份证号、银行卡号、家庭住址等信息，发布个人动态或照片时尽量关闭地理定位。

4. 尽量少注册网站个人账号。

5. 各类社交网站不使用相同用户名和密码。

三、“剁手族”安全网购指南

1. 不要在公共电脑（如网吧）上进行购物付款等操作。

2. 尽量到知名的、权威的网上商城购物，选择通过第三方支付平台交易，切忌与卖家私下交易。

3. 注意查看卖家的信誉、评价和联系方式等。

4. 支付密码不要使用姓名、生日、电话号码等个人信息，或者 123456 等简单密码。

5. 交易完成后注意完整保存交易订单等信息。

6. 对单笔交易进行金额限制，并开通消费短信提醒。

网络传授犯罪方法须警惕

【案例一】2016年春节期间，太和县李兴镇居民范某，为他人租用服务器开设“私服”进行的网络游戏提供QQ群管理服务，在此期间，其管理的游戏QQ群服务器IP被他人攻击，导致服务器无法正常使用，并被敲诈钱财。后范某通过QQ认识攻击其服务器的被告人许某某，为避免其管理的服务器被攻击，其支付给许某某400元拜师费，学习网络攻击方法。被告人许某某通过电脑远程连线方式传授范某网络攻击手段。后因范某电脑知识薄弱，对许某某传授的内容无法理解，许某某便传授范某扫描他人服务器IP地址方法，以供其实施网络攻击，后范某使用其教授的方法，多次扫描他人服务器IP地址提供给许某某。

2016年11月，凤阳县西泉镇居民李某租用服务器开设“私服”进行地下城勇士游戏服务，其间租用的服务器IP被他人攻击，导致服务器内游戏无法正常使用，并被敲诈钱财。2016年12月，李某通过网络认识范某，又通过范某认识被告人许某某，并通过范某以3000元价格从许某某处购买攻击他人服务器IP软件“咩咩攻击器”。后许某某以网络传输的方式将“咩咩攻击器”软件和使用教程传送给李某，李某学会后，使用该款软件对他人服务器IP进行攻击，且在实际使用中遇到问题时，许某某通过网上远程视频或截图教授李某解决方法。后李某在使用“咩咩攻击器”软件攻击他人服务器IP时中发现无法操作，便要求许某某退款，许某某不愿退款，以传授李某网上攻击他人服务器、扫描他人电脑获取IP地址方法及提供软件为条件，收李某为徒弟。后许某某又分别向李某提供相关黑客软件，并通过网络教授其使用方法。自2016年12月至2017年2月李某在获取上述软件后，使用AK47分控软件攻击多人的服务器IP。

法院判决，许某某构成传授犯罪方法罪，判处拘役五个月。①

【案例二】冯某钊通过自行搜集涉及炸药制造的信息，经整理形成一个电子文档，命名为《恐怖分子手册》，并于2009年11月26日及2010年4月19日先后两次在百度文库中发布《恐怖分子手册》电子文档（一）至（十），内容包含各种炸药、燃烧剂、汽油弹、炸弹、燃烧弹等配方及制作方法，其中穿插了一些涉及恐怖组织活动的字眼和语句。文档中所涉及的各种炸药知识、制作方法等均具有一定的科学性、可行性，但其中内容不涉密，通过正常渠道如专业图书、网络等均可进行查询。前述文档共被浏览2065次，下载116次。冯某钊被抓获归案后供述，就是觉得好玩，想让别人也看看，当时没有考虑后果，用这个文档名称是想引起浏览者注意。法院最终以传授犯罪方法罪判处其拘役六个月。②

---

① 案例改编自安徽省凤阳县人民法院〔2018〕皖1126刑初第150号刑事判决书。

② 案例改编自北京市朝阳区人民法院〔2010〕朝刑初字第2656号刑事判决书。

【案例三】2013年6月郭某上网通过QQ聊天时，点开了一个漂流瓶，一看还是同城的，他立刻有了兴趣。那个漂流瓶里写着“想去抢点钱……”他回了一句“去啊!”对方崔某刚好在线，回复到“怎么抢啊，抢谁”。郭某查找各种典型案例，进行总结，告诉对方找路灯很少的地段，且至少要有一人拿刀吓唬被害人，或趁被害人不注意抢包后就跑，还说抢谁无所谓啊，你看不顺眼的就抢。后崔某根据郭某的指导，在某学校门口多次持刀抢劫。郭某因传授犯罪方法罪被判处有期徒刑四年。①

以上三个案例都涉及行为人通过网络传授犯罪方法。传授犯罪方法罪，是指故意用语言、文字、动作或者其他方法传授犯罪方法的行为。传授犯罪方法的行为是以语言、文字、动作或者其他方式方法将实施犯罪的具体经验、技能传授给他人的行为。犯罪方法是指犯罪的经验与技能，包括手段、步骤、反侦查方法，等等，还包括如何进行犯罪预备，如何在犯罪后逃匿，如何销毁罪证等方法。如果所传授的只是一般的违法方法，则不构成本罪。但是不论采取何种方式传授，均不影响本罪的构成。

传授犯罪方法罪属于行为犯，不要求被传授者学到了或者提高了犯罪技能，也不要求被传授者实施了被传授的犯罪行为，同时本罪不存在既遂、未遂之分。凡是实施了传授犯罪方法的行为，即使是刚刚着手，只要结合全案不属于情节显著轻微，就应按既遂追究，所以并不存在未遂问题。至于实践中因说话不检点，随意散布一些道听途说的犯罪方法，或者在工作中如教授武术、修配钥匙、化学知识、写作等方法以及司法人员在职务范围内剖析犯罪的方

---

① 案例改编自山西省长治市中级人民法院〔2014〕长刑终字第00398号刑事判决书。

法，等等，即使有失误，甚至被人利用来犯罪，因其没有传授犯罪方法的故意，不应以犯罪论处。

另外，传授犯罪方法罪应当与教唆行为区别开。教唆行为的本质是制造犯意，也就是勾起他人犯罪的念头。为实现这一目的，行为人往往采取劝诱、挑拨、威胁等手段。而传授犯罪方法行为的本质是将犯罪方法传给他人，为达到这一目的，犯罪分子往往言传身教，但这一行为与被传授人的犯意无关，无论被传授人有无犯意，犯意起于何时，都与传授犯罪方法行为无关，并且无论向何人传授犯罪方法都构成该罪。

案例一和案例三是较为典型的传授犯罪方法罪表现形式。案例一中，许某某传授的网络攻击方法，根据用途不同，可能成为非法获取计算机信息系统数据，非法控制计算机信息系统罪的犯罪手段，非法利用信息网络罪等信息网络犯罪的手段。许某某传授犯罪方法过程中收取“拜师费”，足以表明其认识到被传授者有实施犯罪的极大可能性，在此情况下仍然传授，表明许某某具有直接故意，其对被传授者利用被传授犯罪方法实施犯罪具有追求的心理态度。许某某的行为属于“行为人明知被传授的对象出于实施某种犯罪的意图向其学习犯罪的方法，而仍然向其传授犯罪的方法”。此时，许某某的传授行为一方面构成传授犯罪方法罪，另一方面又构成与传授对象共同实施犯罪的帮助犯，应作为想象竞合犯处理，从一重罪从重处罚。

案例三中，郭某传授的是抢劫罪犯罪方法。郭某通过文字进行书面传授，从崔某发布信息“想去抢点钱……”可以看出，崔某的犯意并非由郭某引起的，而是其本来就存在的，在郭某向崔某传授犯罪方法时，双方并未就抢劫达成共同的故意。郭某明知是抢劫罪的犯罪方法而传授，具有故意行为，因而成立传授犯罪方法罪。

案例二是通过网络实施传授犯罪方法罪的典型例子。这一案例的特殊点在于行为人并非出于直接故意，即他追求使被传授者实施犯罪的心理态度而作出的行为，他持有间接故意，既不排斥被传授者实施犯罪，也不排斥被传授者不实施犯罪的心理态度。目前理论通说认为传授犯罪方法罪只能由直接故意构成，但司法实践中仍然存在少量间接故意构成犯罪的案件。

法律小课堂

传授犯罪方法罪

——《中华人民共和国刑法》

第二百九十五条【传授犯罪方法罪】传授犯罪方法的，处五年以下有期徒刑、拘役或者管制；情节严重的，处五年以上十年以下有期徒刑；情节特别严重的，处十年以上有期徒刑或者无期徒刑。

别将技术“明珠暗投”

【案例一】被告人郑某某、邓某某分别从2015年6月、2016年6月开始陆续利用木马病毒在网络游戏上盗取游戏金币和装备。被告人作案方式是在游戏中以贩卖游戏币、装备或者收购游戏币、装备为借口吸引游戏玩家，联系上游戏玩家后以加QQ发价目表或者装备图片为由取得游戏玩家的QQ号。接着，将带有木马病毒的文件或图片通过QQ发给游戏玩家，游戏玩家点击文件或图片后便中毒。被告人就开始监控和控制游戏玩家的电脑，随即实施盗号作案。在盗号成功后，被告人即将盗取的游戏虚拟币贩卖给游戏币收购商。

2017年5月10日，被告人郑某某、邓某某在廉江市罗州街道南市路58号夜猫网吧被公安机关抓获。经统计被告人的支付宝和微信账户，明确被告人郑某某盗号后变现共223次，违法所得共计51310.19元（其中未成年期间作案的违法所得655元）；邓某某盗号后变现共72次，违法所得共计24116.88元。

法院认定，郑某某犯非法获取计算机信息系统数据罪，判处有期徒刑三年，并处罚金3000元；

邓某某犯非法获取计算机信息系统数据罪，判处有期徒刑一年六个月，并处罚金2000元。①

【案例二】2017年1月，被告人佟某某在各QQ群发广告出售某系统攻击软件，被告人胡某某因购买佟某某的软件而与佟某某相识，此后二人经常共同学习、探讨黑客知识。2017年5月，二人商议由胡某某负责提供爆破和攻击服务器的技术，由佟某某负责提供爆破和攻击软件、指导胡某某抓“肉鸡”的相关技术并联系收量客户，二人共同出租给需要DDOS攻击流量的其他人牟取利益。

佟某某在其住所下载黑客教程自学DDOS攻击知识，扫描Linux系统服务器，通过爆破软件，获取服务器登录权限（俗称“肉鸡”），植入木马文件，利用香港远程服务器作为主控端使用攻击软件控制被植入木马的“肉鸡”。

胡某某通过扫爆软件扫描linux系统服务器，获取服务器登录权限（俗称“肉鸡”），植入木马文件，利用香港远程服务器作为主控端使用攻击软件控制被植入木马的“肉鸡”。2017年6月至今，二人共同通过出租“肉鸡”的方式非法获利人民币7000余元，后二人将利润平分。

法院认定，胡某某犯非法控制计算机信息系统罪，判处有期徒刑六个月，并处罚金人民币5000元；佟某某犯非法控制计算机信息系统罪，判处拘役五个月，并处罚金人民币4500元。②

---

① 案例改编自广东省遂溪县人民法院〔2018〕粤0823刑初第88号刑事判决书。

② 案例改编自辽宁省盘锦市兴隆台区人民法院〔2018〕辽1103刑初第205号刑事判决书。

案例一和案例二涉及两个典型的计算机犯罪，其一是非法获取计算机信息系统数据罪。非法获取计算机信息系统数据罪是指违反国家规定，侵入国家事务、国防建设、尖端科学技术领域以外的计算机信息系统或者采用其他技术手段，获取该计算机信息系统中存储、处理或者传输的数据，情节严重的行为。本罪的犯罪对象仅限于使用中的计算机信息系统中存储、处理、传输的数据，具体包括存放在信息系统中的数据，例如图片、文字、影音资料、专有的程序或者软件等，它们的状态或是处于存储状态下，或是正被有关人员编辑，或是正被传输，传输行为方式则为通过网络发送到其他终端和通过一些专门工具发送到移动存储设备上。脱离计算机信息系统存放的计算机数据，如光盘、U 盘中的计算机数据不是本罪的保护对象。这里的数据，不限于计算机系统数据和应用程序，还包括权利人存放在计算机信息系统中的各种个人信息。上述的数据不被非法获取，是计算机信息系统安全的重要表现。

“侵入”是指行为人采用破解密码、盗取密码、强行突破安全工具等方法，在没有得到许可时，违背计算机信息系统控制人或所有人意愿，越权进入计算机信息系统中。常见的方式是利用他人网上认证信息进入计算机信息系统。

行为人的行为表现是获取特定的数据。“获取”是指占有或拥有特定数据，表现为把数据复制一份出来存于个人电脑、移动硬盘和私人电子邮箱中。“获取”的具体行为方式通常是秘密的，即数据的控制人、所有人或正在传输信息系统数据的人不知数据被人获取。但公开的行为方式也可以成立，如计算机信息系统数据的控制者和使用者等明知他人在窃取计算机信息系统数据但是无法阻拦的情况。“获取”意味着犯罪行为人只通过复制的方式得到他人数据，而并未采用植入病毒、埋伏数据炸弹、直接删除、随意修改等行为方式对数据进行破坏活动。

案例一中，郑某某、邓某某利用木马病毒窃取他人账号信息，从而盗取他人账号中的游戏币、装备贩卖营利，其未取得权利人授权的行为属于“违反国家规定”。两人利用木马病毒实施了“侵入”行为，侵入的是家庭计算机信息系统，属于“国家事务、国防建设、尖端科学技术领域的计算机信息系统以外的计算机信息系统”。其行为属于“获取特定的数据”，即复制了他人的游戏账号和密码的数据。虽未实施破坏活动，他人计算机信息系统功能也未受到损害，但是最后其行为获取了较大的利益，可以认定为“情节严重”，构成非法获取计算机信息系统数据罪。

其二是非法控制计算机信息系统罪，是指对国家事务、国防建设、尖端科学技术领域以外的计算机信息系统实施非法控制，情节严重的行为。非法控制计算机信息系统罪与非法获取计算机信息系统数据罪非常相似，其区别主要在于：第一，非法获取计算机信息系统数据罪的犯罪对象是普通计算机信息系统中存储、处理或传输的数据，并不涉及计算机信息系统功能和实际运行；非法控制计算机信息系统罪的犯罪对象是普通计算机信息系统本身，对计算机系统功能和运行进行了非法控制。第二，非法获取计算机信息系统数据罪的危害行为为非法获取数据行为，而非法控制计算机信息系统罪的危害行为表现为非法控制计算机信息系统的行为。

案例二中佟某某、胡某某自学黑客技术，利用黑客技术获取“肉鸡”并出租获利的行为，是典型的控制他人计算机信息系统的行为。由于其利用的是黑客技术，显然违反国家规定，也未经权利人许可，侵入的是家庭计算机信息系统，属于“国家事务、国防建设、尖端科学技术领域的计算机信息系统以外的计算机信息系统”，也对计算机系统功能和运行进行了非法控制，并出租获利，可以认定为“情节严重”，构成非法控制计算机信息系统罪。

法律小课堂

计算机犯罪

——《中华人民共和国刑法》

第二百八十五条【非法侵入计算机信息系统罪】违反国家规定，侵入前款规定以外的计算机信息系统或者采用其他技术手段，获取该计算机信息系统中存储、处理或者传输的数据，或者对该计算机信息系统实施非法控制，情节严重的，处三年以下有期徒刑或者拘役，并处或者单处罚金；情节特别严重的，处三年以上七年以下有期徒刑，并处罚金。

——2011 年最高人民法院、最高人民检察院《关于办理危害计算机信息系统安全刑事案件应用法律若干问题的解释》（法释〔2011〕19 号）

第一条　非法获取计算机信息系统数据或者非法控制计算机信息系统，具有下列情形之一的，应当认定为刑法第二百八十五条第二款规定的“情节严重”：

（一）获取支付结算、证券交易、期货交易等网络金融服务的身份认证信息十组以上的；

（二）获取第（一）项以外的身份认证信息五百组以上的；

（三）非法控制计算机信息系统二十台以上的；

（四）违法所得五千元以上或者造成经济损失一万元以上的；

（五）其他情节严重的情形。

实施前款规定行为，具有下列情形之一的，应当认定为刑法第二百八十五条第二款规定的“情节特别严重”：

（一）数量或者数额达到前款第（一）项至第（四）项规定标准五倍以上的；

（二）其他情节特别严重的情形。

明知是他人非法控制的计算机信息系统，而对该计算机信息系统的控制权加以利用的，依照前两款的规定定罪处罚。

第七条　明知是非法获取计算机信息系统数据犯罪所获取的数据、非法控制计算机信息系统犯罪所获取的计算机信息系统控制权，而予以转移、收购、代为销售或者以其他方法掩饰、隐瞒，违法所得五千元以上的，应当依照刑法第三百一十二条第一款的规定，以掩饰、隐瞒犯罪所得罪定罪处罚。

第八条　以单位名义或者单位形式实施危害计算机信息系统安全犯罪，达到本解释规定的定罪量刑标准的，应当依照刑法第二百八十五条、第二百八十六条的规定追究直接负责的主管人员和其他直接责任人员的刑事责任。

第十一条　本解释所称“计算机信息系统”和“计算机系统”，是指具备自动处理数据功能的系统，包括计算机、网络设备、通信设备、自动化控制设备等。

停手也不能“一笔勾销”

由于未成年人世界观、人生观、价值观都尚未成型，对自己行为的控制能力也较为薄弱，常常会冲动行事。冲动之后往往会出现退缩、反悔等情形。但是对于犯罪，尤其是共同犯罪而言，并非“退缩”了就可以当成什么事情都没有发生。

【案例一】严某某自小喜欢打游戏，最近在一款游戏中因为管理某区大家族认识了不少“大佬”，并且获取了部分大佬的QQ号。严某某自身家庭条件尚可，吃穿不愁，但要想满足其支付大量费用以在游戏中获得成就感的需求还是力有未逮。

在获取了大佬QQ号后，某日，在游戏“充值有礼”的活动刺激下，严某某使用大佬QQ号码登录，冒充大佬向其QQ好友陈某春发送信息，谎称其朋友在医院做手术急需用钱，因微信绑定的银行卡目前没有余额，其先用网银转账陈某春，再请陈某春用微信转回，并给了其一个微信号。严某某发送虚构的网银转账成功图片（2200元）给陈某春后，突然觉得心里发慌，想起大佬对其的信任，觉得自己的行为会让自己在游戏里混不下去，急忙又发了条消息给陈某春，称刚刚是在跟他开玩笑，问他是否看出截图是假的，然后退出登录。①

【案例二】高中生陈某某与沈某某通过合谋，打算利用 QQ 群出售虚构的 2016 年全国高考试卷及答案，以骗取钱财。陈某某建立好 QQ 群并添加目标对象后，由于担心被查处，心生退意，便跟沈某某摊牌不干了，随后退出了该行动。之后沈某某利用该 QQ 群共实施诈骗作案 12 宗，骗得钱款 20606 元。被告人陈某某、沈某某的行为均已构成诈骗罪，判处被告人陈某某有期徒刑六个月；被告人沈某某有期徒刑十个月，并各处罚金人民币 4000 元。②

在犯罪过程中，自动放弃犯罪或者自动有效防止犯罪结果发生的，是犯罪中止。中止行为本身属于刑法所鼓励的行为，是应当免除或者减轻处罚的根据。

犯罪中止是指行为人在客观上能够继续犯罪和实现犯罪结果的情况下，“自动”作出的放弃犯罪或者有效防止犯罪结果发生的选择。即无论是放弃犯罪还是有效防止犯罪结果发生，都是在行为人主观意志支配下进行的。也就是说，行为人是“能达目的而不欲”。构成行为人中止犯罪的决意必须是完全的、无条件的、彻底的，不是部分的、有条件的或暂时的。中止犯罪的主观原因，有的是惧怕受到刑罚的惩罚；有的是由于他人的劝说而改变了原来的犯罪意图；有的是良心发现，幡然悔悟，改变了自己的犯罪意图；有的则

① 改编自贵州省天柱县人民法院〔2018〕黔 2627 刑初第 32 号刑事判决书。

② 案例改编自广东省潮州市中级人民法院：《广东法院未成年人司法保护十大典型案例之五：陈某某等诈骗案——高中生利用假高考试题实施诈骗》，载北大法宝数据库（司法案例）。

出于对被害人的怜悯，转而防止犯罪结果的出现。犯罪中止的主观原因不影响犯罪中止的成立。

中止行为是停止犯罪的行为，即让正在进行的犯罪中断的行为。而且以不发生犯罪结果为成立条件。犯罪结果，是指行为人主观追求的和行为所必然导致的结果。以诈骗行为为例，犯罪结果就是获取钱财。如果危害结果最终仍然发生，即使采取了中止行为，也不能认定为犯罪中止。

根据《刑法》的规定，对于中止犯，没有造成损害的，应当免除处罚；造成损害的，应当减轻处罚。

案例一中行为人属于典型的实行终了的犯罪中止。严某某此时在客观上仍然能够达成“取财”的犯罪结果，但由于其心生愧疚，在其意志支配下，作出了放弃继续犯罪的选择。其发消息“称刚刚是在跟他开玩笑，问他是否看出截图是假的”的行为就是中止行为，并且该行为有效地防止了犯罪结果的发生，被害人不可能再汇钱过来。因此，严某某的犯罪行为成立中止犯，且没有造成损害。根据《刑法》的规定，结合保护未成年人的特殊规定，对于严某某的行为应当免除处罚。

案例二属于共同犯罪的中止。共犯中止的成立有其特殊之处。共犯中止是指在共同犯罪中，部分犯罪人自动中止犯罪的行为，但此种行为并非均能成立犯罪中止，应当视情况区别对待。

第一，在简单共同犯罪中，共犯中有一人决定中止，然后极力劝说其他人放弃犯罪，如果其他人接受了劝告，放弃本来可以继续进行的犯罪，全案都是犯罪中止。但是，如果一人中止后，其他共犯不愿意中止，但中止者采取了有效措施防止危害结果的发生，中止者成立犯罪中止，其他共犯不成立犯罪中止。如果一人中止，虽然阻止他人但未能阻止危害结果发生，由于不具备有效性（防止危害结果发生）特征，所以不能作为中止犯认定，只能在量刑时酌轻。除非中止者采取了一定措施，有效地中断自己先前行为与犯罪的联系（消除“原因力”），此种情况下，即使后来发生危害结果，仍然可以认定为中止。

例如，两人共谋行窃，一人负责准备保险箱钥匙，但是进入房屋后，准备钥匙的人突然放弃了盗窃的念头，带着钥匙离去。另一个人后来使用工具撬开了保险箱取得了财物，此种情形即可认定为是中断了自己先前行为与整个盗窃的联系，即使后来发生危害结果，仍然可以认定为中止。

第二，在复杂共同犯罪中，教唆犯即唆使他人犯罪的行为人必须阻止实际实施犯罪的实行犯实施犯罪，使实行犯打消犯罪的念头，才构成中止。对于协助他人犯罪的人即帮助犯而言，行为人必须采取有效措施，抵消自己帮助行为对共同犯罪所起的作用。

第三，中止犯罪的行为人如果向有关机关报告，司法机关采取了有效措施制止了犯罪，应认定为中止。

案例二中，陈某某与沈某某合谋犯罪，即使陈某某后来放弃实施犯罪行为，但其并未解散自己所建立的 QQ 群。之后沈某某利用该 QQ 群实施诈骗，并取得财物。也就是说，陈某某虽然有中止行为，但未能中断自己先前行为与犯罪的联系（消除“原因力”），其所建立的 QQ 群仍然在犯罪中起到作用，也未能有效防止犯罪结果的发生，沈某某仍然获取了财物，不能构成犯罪中止，只能在量刑时酌情从轻。

法律小课堂

——《中华人民共和国刑法》

第二十二条【犯罪预备】为了犯罪，准备工具、制造条件的，是犯罪预备。对于预备犯，可以比照既遂犯从轻、减轻处罚或者免除处罚。

第二十三条【犯罪未遂】已经着手实行犯罪，由于犯罪分子意志以外的原因而未得逞的，是犯罪未遂。对于未遂犯，可以比照既遂犯从轻或者减轻处罚。

第二十四条【犯罪中止】在犯罪过程中，自动放弃犯罪或者自动有效地防止犯罪结果发生的，是犯罪中止。对于中止犯，没有造成损害的，应当免除处罚；造成损害的，应当减轻处罚。

第二十五条【共同犯罪】共同犯罪是指二人以上共同故意犯罪。二人以上共同过失犯罪，不以共同犯罪论处；应当负刑事责任的，按照他们所犯的罪分别处罚。

第六十二条【从重处罚与从轻处罚】犯罪分子具有本法规定的从重处罚、从轻处罚情节的，应当在法定刑的限度以内判处刑罚。

第六十三条【减轻处罚】犯罪分子具有本法规定的减轻处罚情节的，应当在法定刑以下判处刑罚；本法规定有数个量刑幅度的，应当在法定量刑幅度的下一个量刑幅度内判处刑罚。犯罪分子虽然不具有本法规定的减轻处罚情节，但是根据案件的特殊情况，经最高人民法院核准，也可以在法定刑以下判处刑罚。

拒绝网络不良行为

【案例一】2017 年 7 月，浙江金华江南区公安分局先后出动警力 200 多人，在金华、杭州等地抓获涉嫌组织网络赌博人员 80 人。经查，2014 年 6 月以来，犯罪嫌疑人徐某等人通过运营“和天下”“千岛湖”两个棋牌游戏平台，建立虚拟游戏币交易 QQ 群，群内的“银商”专门为游戏玩家提供虚拟币买卖服务。

同时，该游戏平台以“银商”参股、出货奖励等方式，鼓励“银商”提供大额玩家名单，游戏平台还对系统后台进行暗箱操作，人为地调整输赢概率，针对账户有大额虚拟币的玩家进行杀分，从而达到非法营利的目的。

被取缔的“和天下”“千岛湖”这两个游戏平台，其注册用户量达到 45 万人次，总的涉案资金达到 21 亿元人民币，很多未成年人参与其中，他们输赢的数额也特别巨大，有的每天输赢几十万元甚至上百万元都有，因此而造成倾家荡产的人不在少数。①

【案例二】郝某（15岁）使用QQ账号建立QQ群“包头勾搭群”并担任群主，同时使用本人另一QQ群账号担任该QQ群管理员。QQ群“包头勾搭群”利用互联网大量传播淫秽物品，群成员达425人。郝某在QQ群“包头勾搭群”发布淫秽视频92部，发布淫秽图片358张，被点击下载达1万余次。②

不良行为是未成年人走上违法犯罪之路的开端，而网络的普及使得未成年人的相关不良行为数量激增。最常见的未成年人网络不良行为就是沉迷于网络之中，这不仅会挤占未成年人的学习时间，影响其学业还会影响其身心健康，严重者甚至会逐渐将自己与社会隔离，最终网络演变成为未成年人生活的中心。此外，由于未成年人三观尚未完全建立，社会经验不足，一旦其沉迷网络，往往将网络世界凌驾于现实世界之上，比起现实的朋友更重视网络上的“好友”。现实中时常会有“见网友被害”的新闻，触目惊心，耸人听闻。案例一和案例二就是典型的“严重不良行为”，案例一属于未成年人参与赌博，赌资较大，而且这些未成年人有极高的犯罪风险，毕竟不是每个家庭都能负担其几十万元、几百万元的赌资，其为了筹措赌资极有可能铤而走险。案例二属于已经走上犯罪道路，只是由于未达到法定刑事责任年龄而不作为犯罪予以处罚，但需要接受专门的教育矫治措施。

由上述案例可见，未成年人不良行为对未成年人的身心发育摧

---

① 案例来自：公安部公布四起网络赌博典型案例，https：//baijiahao.baidu.com/s?id=1591611602580335897&wfr=spider&for=pc，2020年5月11日访问，原发布日期为2018年2月6日。

② 案例改编自内蒙古自治区包头市昆都仑区人民法院〔2015〕昆刑初字第25号刑事判决书。

残极大，急需得到教育和矫治。为了实现对未成年人的保护和教育，《中华人民共和国预防未成年人犯罪法》（以下简称《预防未成年人犯罪法》）根据未成年人违法犯罪行为发生的规律，将未成年人的偏常行为分为了不良行为、严重不良行为、犯罪行为等由轻及重的三个等级，并针对不同的等级制定相应的措施，充分体现了分级预防的理念，也有利于对犯有不良行为的未成年人因材施教，进行针对性矫治。具体而言，将现行法律规定中明显已经构成治安违法的行为移入严重不良行为，增加实践中未成年人容易和经常出现的其他不良行为，并从及早干预、预防其进一步走向违法犯罪的角度出发，规定了各责任主体应当采取的具体干预措施。由于劳教制度被废除，目前实践中缺乏对未成年人有效的、有强制力的教育矫治措施，这一空白也是导致近年来低龄犯罪层出不穷，未成年人一犯再犯并屡屡引起公众争议的原因之一，基于此，《预防未成年人犯罪法》规定了公安机关可以采取的八项过渡性教育矫治措施。并且，对严重不良行为情节恶劣或者拒不配合、接受教育矫治措施的未成年人，规定可以送专门学校进行矫治和接受教育。

同时，《预防未成年人犯罪法》还对预防重新犯罪和学生欺凌问题作出了规定。对于预防重新犯罪，《预防未成年人犯罪法》统筹考虑了与《监狱法》《刑事诉讼法》《社区矫正法》有关规定的关系后，丰富了诉讼中的教育、程序分流后的矫治、社区矫正期满和刑满释放后的安置帮教等措施。对于情节比较恶劣、对被欺凌学生身体和心理造成明显伤害的严重欺凌行为，学校应当请公安机关参与处理，同时可以根据学生需要聘请相关工作者进校提供服务。

法律小课堂

——《中华人民共和国未成年人保护法》

第十六条　未成年人的父母或者其他监护人应当履行下列监护职责：

（一）为未成年人提供生活、健康、安全等方面的保障；

（二）关注未成年人的生理、心理状况和情感需求；

（三）教育和引导未成年人遵纪守法、勤俭节约，养成良好的思想品德和行为习惯；

（四）对未成年人进行安全教育，提高未成年人的自我保护意识和能力；

（五）尊重未成年人受教育的权利，保障适龄未成年人依法接受并完成义务教育；

（六）保障未成年人休息、娱乐和体育锻炼的时间，引导未成年人进行有益身心健康的活动；

（七）妥善管理和保护未成年人的财产；

（八）依法代理未成年人实施民事法律行为；

（九）预防和制止未成年人的不良行为和违法犯罪行为，并进行合理管教；

（十）其他应当履行的监护职责。

第十七条　未成年人的父母或者其他监护人不得实施下列行为：

（一）虐待、遗弃、非法送养未成年人或者对未成年人实施家庭暴力；

（二）放任、教唆或者利用未成年人实施违法犯罪行为；

（三）放任、唆使未成年人参与邪教、迷信活动或者接受恐怖主义、分裂主义、极端主义等侵害；

（四）放任、唆使未成年人吸烟（含电子烟，下同）、饮酒、赌博、流浪乞讨或者欺凌他人；

（五）放任或者迫使应当接受义务教育的未成年人失学、辍学；

（六）放任未成年人沉迷网络，接触危害或者可能影响其身心健康的图书、报刊、电影、广播电视节目、音像制品、电子出版物和网络信息等；

（七）放任未成年人进入营业性娱乐场所、酒吧、互联网上网服务营业场所等不适宜未成年人活动的场所；

（八）允许或者迫使未成年人从事国家规定以外的劳动；

（九）允许、迫使未成年人结婚或者为未成年人订立婚约；

（十）违法处分、侵吞未成年人的财产或者利用未成年人牟取不正当利益；

（十一）其他侵犯未成年人身心健康、财产权益或者不依法履行未成年人保护义务的行为。

第二十五条　学校应当全面贯彻国家教育方针，坚持立德树人，实施素质教育，提高教育质量，注重培养未成年学生认知能力、合作能力、创新能力和实践能力，促进未成年学生全面发展。

学校应当建立未成年学生保护工作制度，健全学生行为规范，培养未成年学生遵纪守法的良好行为习惯。

未成年人网络使用规范篇

网络是一把“双刃剑”，这一观念早已深入人心。但随着网络生活日益成为未成年人生活的重要组成部分，想要通过抵制网络的方式来避免其可能给未成年人带来的伤害并不现实。治理未成年人参与网络所引发的问题，关键在于树立“堵不如疏”的理念，引导未成年人合理使用网络、适度参与网络生活才是破解的有效思路。因此应当建立起一套行之有效的、具有可操作性的未成年人网络使用规范，实现对未成年人使用网络的引导和约束。未成年人网络使用规范主要包含三方面内容。首先是“度”，引导未成年人合理适度地参与网络游戏，使其真正起到益智和休闲的效果；其次是“礼”，告诫未成年人在网络上应当做到不造谣、不信谣、不传谣，鼓励文明上网，远离负面信息；最后是“慎”，未成年人在参与网络生活时要注意谨慎交友、谨慎消费。

使用有“度”：挣脱游戏锁链

【案例一】2017年夏天，国家电网江苏省电力公司金湖县团委组织了一次慰问留守儿童的活动。当志愿者们把准备的书本和文具交到孩子们手中时，却意外收到了一张用稚嫩笔迹写下的纸条，纸条上面歪歪斜斜地写着一段话：“叔叔，我不喜欢你们带来的东西，我想要一个可以打《王者荣耀》的手机，你们带来的书和文具我们不喜欢。”①

【案例二】事实上，类似于《王者荣耀》这类的网络游戏早就设置了未成年人健康游戏防沉迷系统，比如实名制注册等，然而现实中这样的系统几乎很难发挥作用。一位中学老师说道：“上有政策，下有对策，先卸载再登录就不用身份验证了，小朋友们有的是办法绕过认证环节。”②

---

① 参见王佳雯等：《院士呼吁营造无网游日》，载《中国科学报》2018年6月1日，第1版。

② 参见王佳雯等：《未成年人沉溺网游调查（上）：一场毫无快感的“游戏”》，载《中国科学报》2018年6月12日，第1版。

一、 未成年人网络游戏成瘾的严峻现实

当前，参与网络游戏成为未成年人参与网络生活的重要组成部分，甚至已经出现了部分未成年人沉迷网络游戏，难以自拔的现象。据中国未成年人网络协会第三次网瘾调查研究报告显示，我国城市未成年人网民中网瘾未成年人约占 14.1%，人数约为 2404.2 万；在城市非网瘾未成年人中，约有 12.7%的未成年人有网瘾倾向，人数约为 1858.5 万。致使未成年人网络成瘾的首要推动因素就是网络游戏，其次是网络小说、视频以及网络交友等活动。为了应对未成年人沉迷网络游戏的严重现状，2019 年 5 月 25 日，世界卫生组织正式将“游戏障碍”即电子游戏上瘾行为列为精神疾病。由此可以看出，网络游戏成瘾具有极其严重的危害，然而当前我国未成年人中却有相当比例的学生沉迷于网络游戏，他们或是已经成瘾，或是具有成瘾倾向。因此，预防未成年人过度沉迷网络游戏，引导他们有节制、有限度地参与网络活动已经成为了当前社会共同关注的话题。

上述两个案例虽是个案，但充分反映出了当前我国未成年人沉迷网络游戏的严重程度。首先，在人群分布上，农村未成年人陷入网络游戏成瘾的比例并不比城市的比例低，因而从整体来看，我国未成年人网络游戏成瘾人数比较多。公众普遍认为城市未成年人由于家庭环境以及所处社会环境均要好于农村的未成年人，因而接触互联网络游戏并成瘾的几率会远远高于农村未成年人群体。然而事实并非如此，从中国儿童中心和社会科学文献出版社发布的《中国儿童发展报告（2019）——儿童校外生活状况》来看，当前无论是在上学日还是周末的儿童校外活动的时间，电子产品的使用时间都是位居前三位的，其中乡镇农村儿童的电子产品使用的平均时间

为108.18分钟，高于城市儿童电子产品使用平均时间约20分钟。随着社会经济的发展以及网络技术的普及，农村未成年人群体接触互联网络游戏的机会也大量增加，甚至相较于城市未成年人群体，他们更容易也更快速成瘾。这主要是因为农村未成年人中留守儿童较多，他们身边缺少父母的监管，而更容易沉迷于网络游戏中；同时农村未成年人由于环境的影响，学校监管比较松、生活环境比较简单，因此会更有时间和机会接触网络游戏。

其次，虽然网络游戏开发公司针对未成年人用户设置了防沉迷系统，但是普遍没有发挥其应有的功效。事实上，当前网络游戏公司设置的防沉迷系统还存在很多不足之处，这主要是由于网络游戏开发公司是一个营利性企业，然而未成年人又是网络游戏用户中重要的组成部分，网络游戏开发公司很难在防范未成年人网络游戏成瘾和吸引未成年人接触网络游戏中间保持平衡。因而未成年人可以很轻易地破解防沉迷系统，从而花费超长时间玩网络游戏。

上述两个特征深刻地表明了防范我国未成年人网络成瘾所面临的严峻现状，实现未成年人网络成瘾的治理还需要社会各主体的共同努力。

二、 网络游戏成瘾的危害

【案例三】2017年9月，湖南武陵贫困山区年仅15岁的初三少年小唐残忍地将邻居一位23岁的女孩小西杀害。在作案前，小唐长期沉迷于网络游戏。他从小学六年级开始在乡下、县城的网吧里接触各种暴力电游，对“侠盗飞车”尤其沉迷。在这款游戏的情节设定中，玩家可以扮演“黑社会”杀人。初二的时候，小唐就萌生了体验现实杀人感觉的渴望，他想体验一下真的杀人是什么感觉，是不是像在游戏里一样简单又有快感。于是在小唐刚升入初三年级的时候，有一天邻居小西来到小唐租房的客厅借用其电脑时，小唐趁其不备，采用猛击头部、狠掐脖颈、水淹等方式杀害小西，最终导致小西死亡。①

【案例四】小亮出生于1996年，小学一年级的时候便辍学跟随在上海打工的父母生活，长期沉迷于网络游戏中。2015年，19岁的小亮从上海乘大巴赶至湖北省武汉市，一到武汉市便立刻进入网吧。在花光了所有积蓄之后，小亮便去超市偷食物，在大街上偷电动车以攒钱去玩网络游戏。再次花光盗窃所得的钱财后，小亮开始谋划抢劫在夜晚单独出行的青年女性。2015年8月17日、18日晚，小亮分别抢劫了赵某和李某两位女性，所抢的金额为800余元，后在网吧玩网络游戏时被警察抓获。最终小亮因犯盗窃罪、抢劫罪而被法院判处有期徒刑六年七个月，并处罚金4000元。②

【案例五】小聪是福建省莆田市一个12岁的男孩，在校期间成绩优异，多次被评为"三好学生"。然而在2016年7月15日，小聪在家里连续玩了5个小时网络游戏之后，突然头痛随后便倒地身亡。原来，自从父亲换了手机之后，之前其父亲的旧手机就被小聪拿来使用，小聪很快就学会了通过手机打游戏。由于父母和爷爷奶奶白天要外出挣钱，家里并没有人监督他，致使小聪通常玩游戏时间多则长达10多个小时，少则5个多小时。秋季开学的时候，小聪本应当要升入六年级学习，然而他再也没有办法走进校园里，大好年华的人生就因为网络游戏成瘾而戛然而止。③

---

① 袁汝婷、苏晓洲：《网络"死亡游戏"真实上演——青少年沉迷暴力电子游戏调查》，载《人民日报》2018年2月8日，第8版。

② 改编自H省未成年犯管教所真实案例。

③ 参见陈盛钟：《连打5小时游戏12岁男生猝死》，载《海峡都市报》2016年9月13日，第A1版。

上述三个案例充分说明了网络游戏成瘾对未成年人所造成的危害。网络游戏成瘾又被称为“精神毒品”，其能够在一定程度上麻痹未成年人的神经。而未成年人本身又正处于人生观、世界观和价值观尚未形成的时期，对很多事物缺乏客观全面的判断，因而网络游戏中传达的价值观念会潜移默化地影响着未成年人，从而会导致他们形成错误的认识。网络游戏成瘾对未成年人的成长主要会造成以下的危害。

首先，网络游戏成瘾会传递一些脱离现实社会的价值观念从而对未成年人正确观念的形成产生误导。当前网络游戏中大多含有暴力成分，然而网络暴力游戏所传递出来的“实施暴力会带来体验快感”“暴力是解决问题的最好途径”等思想极易对未成年人产生认知误导，将其在网络世界中的处事方式和人生态度带到现实生活中。

案例三中小唐的行为就是其中一个极端的例子。小唐因为长期沉迷于网络暴力游戏之中，在网络上充分地感受到了暴力所带来的快感，又加之他本身正处于青春期，对社会充满了好奇感，在没有经过正确法律知识教育的前提下实施了杀人行为。事后，小唐并没有表现出对刑罚的恐惧，反而还沉迷于杀人行为的快感之中。这反映出在小唐的价值观念中通过暴力行为杀死一个与自己没有任何关系的陌生人是合情合理的，这就是网络暴力游戏给小唐的错误引导。

网络游戏给未成年人提供了一个虚拟的世界，在这个世界中是没有社会道德、法律规范进行约束的，因此他们可以在此空间下释放自己压力和卸下现实中的束缚，这也是未成年人容易对网络游戏形成依赖感从而无法脱离的一个因素。网络暴力游戏中所设定的规则让成瘾的未成年人在游戏中不断重复暴力行为，因不断强化游戏规则，使未成年人潜移默化地将游戏中的规则当做现实生活中的规范。此外，网络游戏不断重复暴力血腥的画面会使得成瘾的未成年人形成“暴力脱敏”的效果。“暴力脱敏”是指行为人持续体验到暴力所带来的刺激时，再见到暴力时会出现反应钝化的现象。在案例三中，小唐采用多种残忍的手段亲手杀死了邻居小西，然而依旧表现得十分镇定、冷静，这就是“暴力脱敏”的表现。而“暴力脱敏”又最终反映出网络暴力游戏对成瘾未成年人大脑神经系统的改变，这是我们应当警醒的。

其次，网络游戏成瘾增加了未成年人实施违法犯罪活动的几率。案例三体现的是未成年人在网络游戏刺激下所实施的故意杀人罪，是典型的暴力犯罪。而案例四则体现了网络游戏成瘾所诱发的未成年人财产犯罪。未成年人往往没有直接的经济来源，而沉迷于网络游戏又需要花费许多的钱财，在其无法向父母索要钱财时，未成年人实施侵财犯罪的可能性就会大大提高。案例四中小亮在花光所有积蓄后实施的盗窃、抢劫行为是未成年人为了获得上网资金而惯常实施的犯罪。虽然小亮在抢劫赵某和李某的过程中只获得了800余元，但是根据我国《刑法》规定，实施抢劫行为只要取得财物或造成被害人轻伤以上结果的都属于犯罪既遂，因而小亮最后被判处的刑期比较重。

再次，网络游戏成瘾会严重损害未成年人的身体健康，更有甚者会影响生命安全。案例五中小聪就是死于网络游戏成瘾，长达5个小时的游戏时间使得小聪身体机能出现了问题，脏器受损而最终猝死。当前，关于未成年人受网络游戏成瘾而导致身体受损的新闻报道屡见不鲜。未成年人长时间久坐玩网络游戏，日常生活不规律、饮食不正常轻则会致使脊柱发育不良，眼睛近视，重则会导致身体体质下降，甚至猝死。

最后，网络游戏成瘾会严重影响未成年人的学习生活和学习成绩，扰乱其正常学习、生活秩序。未成年人一旦游戏成瘾就会投入大量时间到网络游戏当中，学习的时间就会减少，学习成绩也必然会下降。此外，游戏成瘾的同学因在学校期间长时期无法接触网络游戏就会变得脾气暴躁、心急易怒、坐立不安，对任何事物都提不起兴趣，这会严重扰乱未成年人的学习生活状态。

三、 网络游戏成瘾的表现

【案例六】小张很早就迷恋上了武侠世界。最初是沉迷于武侠玄幻小说之中，而后在接触到武侠网络游戏之后便彻底陷入了其中。小张在初一的暑假时开始接触网络游戏，经过一个暑假的时间便彻底迷上了一款武侠网络游戏。在初二上学期时，小张因为在校住宿，没有接触网络游戏的条件。但小张非但没有戒掉网络游戏，反而表现异常。他本来是一个性格温和的男生，但之后变得情绪多变，时而焦躁易怒，时而悲伤痛苦。在校期间也经常试图想要离开校园，不愿意跟同学有过多的接触。最终小张因为种种原因而提前辍学，没有完成学业。①

案例六中小张的表现基本就是未成年人患上游戏成瘾之后的表现。根据世界卫生组织所列出的“游戏成瘾”的症状表现，只要满足其中 5 条就可以基本确认患有“游戏成瘾”。这些症状包括：(1) 完全专注游戏；(2) 停止游戏时，出现难受、焦虑、易怒等症状；(3) 玩游戏时间逐渐增多；(4) 无法减少游戏时间，无法戒掉游戏；(5) 放弃其他活动，对之前的其他爱好失去兴趣；(6) 即使了解游戏对自己造成的影响，仍然专注游戏；(7) 向家人或他人隐瞒自己玩游戏时间；(8) 通过玩游戏缓解负面情绪，如罪恶

① 改编自 H 省未成年犯管教所真实案例。

感、绝望感等；（9）因为游戏而丧失或可能丧失工作和社交。

上述9条症状所针对的主体是所有网络游戏成瘾的人员，因此不仅包括未成年人，还包括成年人。但其实未成年人网络游戏成瘾还具有特殊的表现。比如，未成年人因为没有经济来源，而网络游戏成瘾会使得行为人在游戏里面投入更多的金钱，比如充值时长点卡、更新技术装备等，倘若未成年人在接触网络游戏之后的一段时间内花费迅速增加，并且持续了较长的时间，此时父母和老师就应当注意，并及时观察未成年人是否有成瘾的现象。

四、网络游戏成瘾的预防与治理

预防未成年人网络游戏成瘾是一个系统性工程，需要未成年人自身、父母、学校、社会组织和政府部门等多方参与。针对未成年人网络游戏成瘾的预防和治理，首先需要明确一个前提，网络游戏并不是罪魁祸首，不能把未成年人网络游戏成瘾的所有问题都归罪于网络游戏之上。固然，当前网络游戏或多或少存在一定的问题，但它并不是导致未成年人游戏成瘾的最终诱因。在这一前提的基础上，要实现未成年人网络游戏成瘾的预防和治理，最重要的就是要帮助未成年人养成节制有度的正确态度。一方面要正视网络游戏，充分发挥网络游戏的益智作用，另一方面要使得未成年人在网络游戏面前保持自我，未成年人要学会利用网络，而不是被网络游戏所捆绑。要帮助未成年人树立面对网络的正确态度，就需要充分发挥各方主体的作用。

首先，监护人应当认真履行好监管责任，同时也应当起到模范带头作用，为未成年人树立一个良好的榜样。“父母是孩子的第一任老师，家庭是学生的第一个课堂”，父母的言传身教对于未成年人的成长具有十分重要的作用。因此，预防未成年人网络游戏沉迷，监护人一方面应当加强对未成年人上网时长和游戏内容的监督管理，防止孩子长时间沉迷其中，另一方面自身应当有节制地使用网络，创造良好的家庭氛围，切实引导未成年人有节制地使用网络。另外，如果未成年人已经患有网络游戏成瘾，父母尽量不要第一时间就通过各种方式禁止他们接触网络游戏，因为这样非但不能根治网络游戏成瘾，还可能会使他们走向极端。针对已经患有网络游戏成瘾的孩子，父母在前期时应当逐渐减少未成年人的上网时间，然后引导他们慢慢回归正常的学习生活，还要开发他们新的兴趣点，培养其他方面的兴趣爱好。

其次，学校应当起到正向积极的引导和教育作用。一方面，学校应当引导未成年人树立正确的网络态度，懂得掌握“度”的重要性；另一方面，学校应当加强未成年人对于网络游戏的认识，要让未成年人能够正视网络游戏的利弊，合理地看待网络游戏的价值。当前，有一部分人认为网络游戏就是“电子海洛因”，所以应当全面禁止未成年人接触网络游戏。很显然，这种观点比较偏激，我们不应该谈“网游”而色变。但是针对未成年人网络游戏成瘾的预防还是应当坚持“堵不如疏”的原则。因为未成年人正处于青春期，往往会存在叛逆的心理，如果全面禁止他们接触网络游戏势必会产生反效果。只有让他们正确认识到怎么样才能发挥网络游戏最大的优势，他们才能学会正确使用网络。

再次，网络游戏的制作者和提供者应当积极承担一定的社会责任，严格按照相关法律和行业规范制作或提供网络游戏。网络游戏的制作者和提供者应当积极创作符合未成年人身心特点的，不含暴力、色情等不良信息的网络游戏。此外，网络游戏制作者还应当积极研发防沉迷系统，加强网络游戏参与者的身份验证。网络游戏制作者应当主动承担起教育和引导下一代的责任，而不是单纯地追求“金钱至上、唯利是图”，要将中华民族宝贵的传统文化和当代优秀的精神文化融入网络游戏中，让未成年人在游戏中潜移默化地学习先进文化，养成良好品格，真正做好寓教于乐。此外，我国法律更是直接要求网络产品和服务提供者主动对网络游戏进行分类，应当尽到提示义务，同时也应当采取必要的技术措施防止未成年人接触到其不宜接触的游戏。

最后，政府有关部门应当积极履行职责，严格依照相关行政法律规范打击“黑网吧”“黑账号”等违法行为，创造良好有序的网络服务市场秩序。当前，“黑网吧”“黑账号”的存在为未成年人长时间沉迷网络游戏提供了便利条件，使得他们能够脱离家庭、学校的监管。因此，要严厉打击此类不法行为，创造一个良好透明的网络服务市场环境，让未成年人在网络服务场所上网的行为受到监管。此外，行政机关应当积极借鉴其他国家的做法，对网络游戏可采取事前审查并进行分级，将主要面向未成年人的网络游戏和主要面对成年人的网络游戏区分开来，保证未成年人接触的网络游戏都是能有利于未成年人健康成长的。对于未成年人参与网络游戏的时间也应当进行合理的管控，为此我国法律已经明确了国务院应当制定相应的规定以控制未成年人参与网络游戏的时间。

法律小课堂

——《中华人民共和国未成年人保护法》

第十七条　未成年人的父母或者其他监护人不得实施下列行为：

……

（六）放任未成年人沉迷网络，接触危害或者可能影响其身心健康的图书、报刊、电影、广播电视节目、音像制品、电子出版物和网络信息等；

（七）放任未成年人进入营业性娱乐场所、酒吧、互联网上网服务营业场所等不适宜未成年人活动的场所；

……

第五十八条　学校、幼儿园周边不得设置营业性娱乐场所、酒吧、互联网上网服务营业场所等不适宜未成年人活动的场所。营业性歌舞娱乐场所、酒吧、互联网上网服务营业场所等不适宜未成年人活动场所的经营者，不得允许未成年人进入；游艺娱乐场所设置的电子游戏设备，除国家法定节假日外，不得向未成年人提供。经营者应当在显著位置设置未成年人禁入、限入标志；对难以判明是否是未成年人的，应当要求其出示身份证件。

第六十八条　新闻出版、教育、卫生健康、文化和旅游、网信等部门应当定期开展预防未成年人沉迷网络的宣传教育，监督网络产品和服务提供者履行预防未成年人沉迷网络的义务，指导家庭、学校、社会组织互相配合，采取科学、合理的方式对未成年人沉迷网络进行预防和干预。

任何组织或者个人不得以侵害未成年人身心健康的方式对未成年人沉迷网络进行干预。

第七十条　学校应当合理使用网络开展教学活动。未经学校允许，未成年学生不得将手机等智能终端产品带入课堂，带入学校的应当统一管理。

学校发现未成年学生沉迷网络的，应当及时告知其父母或者其他监护人，共同对未成年学生进行教育和引导，帮助其恢复正常的学习生活。

第七十一条　未成年人的父母或者其他监护人应当提高网络素养，规范自身使用网络的行为，加强对未成年人使用网络行为的引导和监督。

未成年人的父母或者其他监护人应当通过在智能终端产品上安

装未成年人网络保护软件、选择适合未成年人的服务模式和管理功能等方式，避免未成年人接触危害或者可能影响其身心健康的网络信息，合理安排未成年人使用网络的时间，有效预防未成年人沉迷网络。

第七十四条　网络产品和服务提供者不得向未成年人提供诱导其沉迷的产品和服务。

网络游戏、网络直播、网络音视频、网络社交等网络服务提供者应当针对未成年人使用其服务设置相应的时间管理、权限管理、消费管理等功能。

以未成年人为服务对象的在线教育网络产品和服务，不得插入网络游戏链接，不得推送广告等与教学无关的信息。

第七十五条　网络游戏经依法审批后方可运营。

国家建立统一的未成年人网络游戏电子身份认证系统。网络游戏服务提供者应当要求未成年人以真实身份信息注册并登录网络游戏。

网络游戏服务提供者应当按照国家有关规定和标准，对游戏产品进行分类，作出适龄提示，并采取技术措施，不得让未成年人接触不适宜的游戏或者游戏功能。

网络游戏服务提供者不得在每日二十二时至次日八时向未成年人提供网络游戏服务。

——《中华人民共和国网络安全法》

第十三条　国家支持研究开发有利于未成年人健康成长的网络产品和服务，依法惩治利用网络从事危害未成年人身心健康的活动，为未成年人提供安全、健康的网络环境。

（二）网络游戏经营单位义务

——2017年文化部《网络游戏管理暂行办法》

第十六条　网络游戏经营单位应当根据网络游戏的内容、功能和适用人群，制定网络游戏用户指引和警示说明，并在网站和网络游戏的显著位置予以标明。

以未成年人为对象的网络游戏不得含有诱发未成年人模仿违反社会公德的行为和违法犯罪的行为的内容，以及恐怖、残酷等妨害未成年人身心健康的内容。

网络游戏经营单位应当按照国家规定，采取技术措施，禁止未成年人接触不适宜的游戏或者游戏功能，限制未成年人的游戏时间，预防未成年人沉迷网络。

——2016年文化部《关于规范网络游戏运营加强事中事后监管工作的通知》

十二、网络游戏运营企业应当严格落实“网络游戏未成年人家长监护工程”的有关规定。提倡网络游戏经营单位在落实“网络游戏未成年人家长监护工程”基础上，设置未成年用户消费限额，限定未成年用户游戏时间，并采取技术措施屏蔽不适宜未成年用户的场景和功能等。

切实防范未成年人沉迷网络游戏

未成年人自身：应当养成节制有度的习惯；积极培养其他兴趣爱好。

家长：应密切关注未成年人接触的网络游戏，控制其上网时长；积极与未成年人保持良好的交流沟通，了解孩子的心理动向；带头有节制地使用网络，为未成年人树立模范作用。

学校：应开展认识网络的专题教育，让学生正视网络游戏的利弊，引导学生对玩网络游戏树立节制有度的正确态度。

网络游戏开发企业：应开发主要面向未成年人的网络游戏；加强研发防沉迷系统与身份验证系统。

网络服务提供者：应规范运营场所，不向未成年人提供网络服务。

政府机关：应依法打击违法违规开设的营业性网络服务场所；设立网络游戏分级制度；制定“游戏宵禁”制度。

参与有“礼”：坚守道德规范

随着未成年人使用网络逐渐频繁，他们已经成为了网络社会中最重要的主体之一，同时也在网络社会中扮演着日益重要的角色。未成年人是网络社会运行的重要主体，因而建立起规范有序、风清气正的网络秩序也不开他们的参与。网络社会虽然不同于现实社会，但仍然应当需要有道德规范予以规制。未成年人在参与网络活动时应当主动践行网络道德规范，为实现网络社会有效治理贡献自己的力量。

一、不造谣、不传谣、不信谣

【案例一】2017年暑假，四川省九寨沟地区发生了地震。家住在临沂的15岁少年李某在QQ群里面看到了九寨沟地震的消息，出于好奇，他便修改了其中部分信息并转发到社交平台上。“中国地震台网自动测定：2017-08-09，22:00:54在山东省临沂市青岛市、日照市潍坊市与浙江省交界地区（北纬73.84度，东经124.33度）发生4.0级地震，震源深度5000米。预计凌晨两点左右将有一次8.5级以上地震!”虽然这则谣言漏洞百出，但经过网络转发仍引起了大量市民的恐慌。后李某被临沂网警查获并给予其批评教育。①

【案例二】2018年3月15日，梁某某在不知道事实真相的情况下，通过手机QQ发给林某某两段视频和“今天早上，山下道口，死了八个人，路人报警，把路人都杀了”的不实信息，且将此信息在微信群上传播，造成恶劣社会影响。梁某某因违反《中华人民共和国治安管理处罚法》第二十五条第（一）项、第十二条之规定，警方对其处以行政拘留五日的行政处罚。鉴于梁某某已满16周岁不满18周岁，初次违反治安管理，根据《中华人民共和国治安管理处罚法》第二十一条第（二）项之规定，对其不送拘留所执行。②

未成年人践行网络道德规范，文明参与网络活动首先就应当做到不造谣、不传谣、不信谣。上述两个案例都是未成年人在网络上散布谣言的行为，这一行为严重侵犯了网络和现实生活秩序，给民众带来恐慌和不安。网络的开放性赋予当前各个社会主体参与的机会，使得每一个网络主体都可以成为信息的发布者和传播者。然而未成年人囿于知识和经历的有限，有时不能做到正确辨别网络信息的真假，因而有时候会误入制造谣言和传播谣言的陷阱之中。

未成年人在参与网络活动时应当树立责任意识，要谨慎对待自己的每一次发言和每一个举动，要肩负起应当承担的维护社会稳定

---

① 参见《少年散布地震谣言被教育》，载《齐鲁晚报》2017年8月12日，第B5版。

② 《我市公布5起违规采编互联网新闻信息及传播网上有害信息案例》，载《宁波日报》2018年4月23日，第2版。

的责任。网络造谣行为不仅是违反网络道德规范的行为，情节严重的行为还可能构成违法行为甚至是犯罪行为。在上述两个案例中，李某和梁某某所实施的网络造谣行为已经构成了违法行为。在我国法律环境下，违法行为有狭义和广义两层意思。所谓广义的违法行为是指包含违反行政法律规范的行为和犯罪行为，而狭义的违法行为仅指违反行政法律规范的行为，此处的违法行为采取狭义的理解。

李某和梁某某的行为具体违反的是《中华人民共和国治安管理处罚法》。根据该法规定，散布谣言，谎报险情、疫情、警情或者以其他方法故意扰乱公共秩序的行为都是违法行为，应当受到行政拘留或罚款。因此李某和梁某某在网络上造谣的行为应当受到处罚，但是最终梁某某并没有受到行政拘留，李某也只是接受了口头批评教育，这其实是我国行政机关给予未成年人的特殊处遇。不满 14 周岁的不构成违法行为；已满 14 周岁，不满 16 周岁的行为人因违反《治安管理处罚法》的行为而应当给予行政拘留处罚的通常不执行该行政拘留处罚；而已满 16 周岁不满 18 周岁，初次违反《治安管理处罚法》的，应当给予行政拘留处罚的，通常也不执行。

基于对未成年人的特殊处遇原则，未成年人在网络上散布谣言的行为可能不会受到法律的制裁，但这并不意味着未成年人就可以在网络上为所欲为。随着网络实名制的逐渐推行，网络参与主体必须要遵守网络道德规范约束。未成年人在网络上散布谣言，不加以区分、恶意传播谣言的行为都将受到道德的谴责，甚至可能会被限制上网。因此，做到不造谣、不传谣、不信谣是未成年人参与网络活动所必须践行的基本道德规范。

二、举止文明、远离不良信息

【案例三】小吴原是湖北襄阳某中学初二年级的一名学生，后因迷恋上网络游戏而经常翘课在网吧里面打游戏。有一次在和网友组队打排位赛时，因为队友发挥不好致使本方失利，小吴便通过语音、文字肆意辱骂、人身攻击本方队友，随后双方便争吵起来。在争吵的过程中，偶然发现对方竟是和自己在同一个学校。此后，事态进一步升级，双方约在了校园的一个角落互相殴打，最终造成对方同学轻伤的结果。①

【案例四】前些年，一个名为“蓝鲸游戏”的群组在我国未成年人群体中十分活跃。这个群组虽然名义上是游戏群，但其实是要入群者完成特定任务的群组。群里面不断有人发布指令，要求参与者实施一定的行为。而要求参加者实施的行为却多为自伤行为或违反社会公序良俗的行为。其中，就有一名13岁左右的女孩在群里上传了使用钝器在自己手臂上划出一条蓝鲸模样伤口的照片。后来，该群因严重违反我国相关法律规范而被取缔。②

【案例五】一款名为“我的世界”的手机App游戏所面向的游戏人群主要是未成年人群体。在18个月的时间里，仅在苹果应用商店中，“我的世界”下载量就超过了2700万次，这款游戏的热度极高。然而正是这款面向低年龄阶段未成年人的游戏却被曝出里面含有大量的色情信息。比如用色情文字或符号组成的游戏房间名，

---

① 改编自H省未成年犯管教所真实案例。

② 《揭“蓝鲸游戏”群组：多为青少年 有人上传自残照片》，载中国青年网：http：//news. youth. cn/sh/201705/t20170510_9717475_1. htm，2020年4月16日访问。

还有人直接发送链接要求观看直播，甚至还有人在群里发布消息称找十三四岁的人进行视频裸聊。这些色情信息严重影响了未成年人的身心健康。之后，《我的世界》运营方公开致歉并进行了不良信息的处理和整改。①

在我们的生活中，像案例三中小吴这样随意在网络上辱骂他人的不文明现象时有发生。其造成原因多样，或是因为游戏失利，或是因为不赞成他人的观点，更有甚者是为了辱骂他人而故意挑起争端。案例四中“蓝鲸游戏”群组涉及血腥和暴力，案例五中《我的世界》游戏涉及色情信息，二者均严重违反了网络道德规范，因而也是不文明参与网络的行为。未成年人应当主动践行网络道德规范，严格约束自己的网络行为，做到文明参与，坚决抵制并反对污言秽语、涉及暴力和色情的不文明行为。

由于网络本身具有“匿名性”和“虚拟性”，又脱离了现实世界中的地域性等限制，会极大地激发网络主体的表达欲。因为缺乏现实生活中优秀传统文化和社会主义核心价值观的规范引导，未成年人更容易在网络世界里“放飞自我”“率性而为”。再加之，当前未成年人也面临着繁重的学业压力，网络环境给了他们一个极好的释放空间。故而未成年人极易在这样一个道德规范缺失的空间里走向另外一面。所以，建构起能在网络社会普遍施行的网络道德规范体系成为规范网络空间秩序的重要举措之一。

网络道德规范的建构并非易事。网络社会虽然与现实社会仍有着密切联系，但却已经具备了与现实社会不同的特征，其中最为显

① 《未成年人通过这款游戏发布裸聊信息，内容不堪入目》，载央视网·新闻：Lhttp：//news. cctv. com/2019/04/15/ARTIxKtYT00cIb7rPmolcx7O190415. shtml，2020 年 4 月 16 日访问。

著的是网络参与主体的个体特征十分明显，社会性特征却在不断减弱。如何确保这一场域内发挥道德规范的软性约束力量，是构建网络道德规范所面临的首要难题。网络道德规范的建构离不开全体网民的参与，尤其是未成年网民的积极参与。未成年人应当带头自觉遵守中小学生行为道德规范，认真践行社会主义核心价值观，要培养起自律慎独的优秀习惯。同时，包含未成年人在内的全体网民们应该联合起来自觉抵制不文明的网络参与行为，形成网络谴责力量，充分发挥舆论约束力量。

三、 网络道德规范体系

网络道德规范除了前述不造谣、不传谣、不信谣和文明上网、拒绝暴力和色情信息之外，还有其他众多的规范，因而网络道德规范是一个体系性的话语。网络道德规范作为软性约束力量与网络法律规范作为强制约束力量一起共同实现网络空间的有效治理。因而网络道德规范是网络社会中不可或缺的一部分。

按照当前网民们的共同约定，网络道德规范初步包含以下的内容：（1）在参与网络活动时要自觉按照社会主义道德的原则和要求规范自己的行为；（2）遵守“网络文明公约”，严格依照法律规范的指引决定自己的网络行为；（3）净化网络语言，坚决抵制网络有害信息和低俗之风，健康合理科学上网；（4）合理利用网络，不能利用网络攻击他人或有意地造成网络交通混乱或任意地侵入他人的网络信息系统之中。上述四条网络道德规范是当前网民们已经达成共识的内容。

当然网络道德规范体系还远不止于此。诸如“尊重他人隐私”“尊重他人知识产权”“不得窥探或随意拷贝他人的文件”等规范还在进一步讨论之中。此外，针对未成年人在参与网络活动中出现的问题，共青团中央、教育部、文化部、国务院新闻办、全国学联、全国少工委、中国青少年网络协会等主管单位于2001年就联合发布了《全国青少年网络文明公约》，对未成年人参与网络提出了具体的要求，构成了未成年人参与网络时应当遵守的道德规范体系。《全国青少年网络文明公约》主要内容可以简称为“五要五不”，即“要善于网上学习，不浏览不良信息；要诚实友好交流，不侮辱欺诈他人；要增强自护意识，不随意约会网友；要维护网络安全，不破坏网络秩序；要有益身心健康，不沉溺虚拟时空”。

网络技术经过一段时间的发展已经日臻完善，当前未成年人这一代正处于网络社会高速发展和完善的阶段，可以说是恰逢其时。因此未成年人应当主动肩负起完善网络社会、治理网络社会的重任，积极践行网络道德规范。

未成年人践行网络道德规范离不开学校的教育。学校应当通过开设的计算机课程向未成年人普及网络知识，宣传网络规范道德，从参与网络之初就在他们脑海中树立起网络道德规范意识，并切实履行。网络道德规范这一软性约束力量需要得到不断熏陶和引导，因为只有常抓不懈才能发挥它的作用价值。

未成年人践行网络道德规范离不开榜样力量的带动。要积极宣传参与网络活动的正面典型，充分发挥同辈压力，让同学、家长、老师等成为带动未成年人文明参与网络的重要推力，在全社会当中营造践行网络道德规范的氛围，引导未成年人群体自觉加入践行网络道德规范的行列中。

未成年人践行网络道德规范需要外在强制力量的推动。应当建立违反网络道德规范的惩罚机制，充分利用舆论谴责、限制参与网络部分权利等措施推动未成年人践行网络道德规范。比如针对案例三中小吴的肆意辱骂行为，网络游戏提供者和管理者就可以对小吴采取警告、全网公告，甚至封号的处罚。这样才能保证网络道德规范作用的发挥，最终才能建成风清气正、文明和谐的网络秩序。

法律小课堂

（一）行政违法行为与刑事犯罪行为

行政违法行为是指违反行政法律规范的行为，而刑事犯罪行为是指违反刑事法律规范的行为。两者有以下的区别：(1) 从社会危害性程度上看，行政违法行为的社会危害性相比犯罪行为较小；(2) 从处罚机关上看，行政违法行为的处罚机关通常是行政机关，比如违反《治安管理处罚法》的行为就由公安机关处罚；而犯罪行为的处罚要经过一系列的司法程序，先是由公安机关进立案侦查，然后由检察机关向人民法院提起诉讼，人民法院在受理之后进行审理，最终判决由监狱执行。(3) 从处罚措施上看，行政违法行为的处罚措施通常包含警告、行政拘留和罚款，其中行政拘留最多不超过 15 日，合并处罚的最多不超过 20 日，执行场所为拘留所；而犯罪行为处罚措施包括有期徒刑、罚金等人身刑和财产刑，其中最高的刑种为死刑，判处有期徒刑、无期徒刑的执行场所为监狱。

——《中华人民共和国治安管理处罚法》

第二条　扰乱公共秩序，妨害公共安全，侵犯人身权利、财产权利，妨害社会管理，具有社会危害性，依照《中华人民共和国刑法》的规定构成犯罪的，依法追究刑事责任；尚不够刑事处罚的，由公安机关依照本法给予治安管理处罚。

第十条　治安管理处罚的种类分为：

（一）警告；

（二）罚款；

（三）行政拘留；

（四）吊销公安机关发放的许可证。

对违反治安管理的外国人，可以附加适用限期出境或者驱逐出境。

第十六条　有两种以上违反治安管理行为的，分别决定，合并执行。行政拘留处罚合并执行的，最长不超过20日。

（二）治安管理处罚中对未成年人的特殊处遇

——《中华人民共和国治安管理处罚法》

第十二条　已满14周岁不满18周岁的人违反治安管理的，从轻或者减轻处罚；不满14周岁的人违反治安管理的，不予处罚，但是应当责令其监护人严加管教。

第二十一条　违反治安管理行为人有下列情形之一，依照本法应当给予行政拘留处罚的，不执行行政拘留处罚：

（一）已满14周岁不满16周岁的；

（二）已满16周岁不满18周岁，初次违反治安管理的；

（三）70周岁以上的；

（四）怀孕或者哺乳自己不满1周岁婴儿的。

（三）网络造谣行为的法律规制

——《中华人民共和国治安管理处罚法》

第二十五条　有下列行为之一的，处5日以上10日以下拘留，可以并处500元以下罚款；情节较轻的，处5日以下拘留或者500元以下罚款：

（一）散布谣言，谎报险情、疫情、警情或者以其他方法故意扰乱公共秩序的；

（二）投放虚假的爆炸性、毒害性、放射性、腐蚀性物质或者传染病病原体等危险物质扰乱公共秩序的；

（三）扬言实施放火、爆炸、投放危险物质扰乱公共秩序的。

——《中华人民共和国刑法》

第二百九十一条之一【编造、故意传播虚假信息罪】编造虚假的险情、疫情、灾情、警情，在信息网络或者其他媒体上传播，或者明知是上述虚假信息，故意在信息网络或者其他媒体上传播，严重扰乱社会秩序的，处三年以下有期徒刑、拘役或者管制；造成严重后果的，处三年以上七年以下有期徒刑。

践行网络道德规范指南

未成年人：自觉树立网络道德规范意识，并在参与网络活动中时刻遵守并践行；文明参与网络活动，拒绝制造、传播网络谣言；拒绝网络暴力、色情等不良信息。

学校：积极开展网络道德规范宣传教育活动，引导未成年人树立网络道德规范意识。

网络监管部门：树立文明参与网络活动的榜样，充分发挥榜样力量，塑造文明参与网络的氛围。

网络服务提供者：有效采取相应制裁措施，充分发挥网络舆论作用，坚决治理网络不文明的行为。

行动有“慎”：谨慎看待网络社会

未成年人在参与网络活动时应当保持谨慎克制的心态。一方面是因为网络社会具有虚拟性因而使得网络信息的真实性大打折扣。当前，随着网络技术的普及，网络参与主体逐渐增多，一部分违法犯罪分子开始利用网络来实施违法犯罪活动，导致网络信息变得更加虚假。未成年人由于缺乏正确的分辨能力，在参与网络活动时很容易掉进不法分子设置的陷阱中，从而导致自身的人、财、物受到伤害，因此，未成年人不能在尚未验证信息真实的前提下随意地相信网络信息并采取行动。同时，网络将财物数据化，使得未成年人在网络上消费时更加容易冲动，因此未成年人在参与网络消费时应当保持理性克制，不能盲目消费。

一、网络交友需谨慎

【案例一】15 岁的小美在自己的抖音账号上发布了几条在校园里跳舞的视频之后，有一个陌生粉丝小城开始跟她私聊，后来两人又转移到聊天软件中继续交流。小城主动向小美透露了自己大学生的身份，并向小美发送了生活照。小美被小城帅气俊朗的形象以及温和的态度深深吸引，从此两个人便无话不谈。久而久之，小美对小城暗生情愫，并告知小城自己意图去他所在的城市见他。但小城却编造各种理由再三推辞，最后出于无奈才告诉了小美实情，之后便将小美从好友列表中删除，从此就消失得无影无踪。原来小城只是一名初中的学生，他在抖音上见小美长得十分漂亮，便就想与她单纯谈一场网恋，而他向小美发送的生活照也并不是本人，而是其随意在网络上找的。小美得知真相后大病了一场，之后一直郁郁寡欢，最终高考失利。①

【案例二】为了更好地了解目前我国未成年人使用社交网络工具发生偶遇型性行为（以下简称“网约性行为”）的现状，中国红丝带网“青少年全力以赴”新媒体平台，在中国疾病预防控制中心性病艾滋病预防控制中心和中国性病艾滋病防治协会等机构的指导下，针对15~24岁的未成年人展开了为期半年的对网约性行为的调查。这次调查主要通过在线问卷形式开展，从2017年9月8日到2017年11月29日，共收到8771份有效反馈，其中包括3938位男性，4833位女性。8771人中有1177人曾经使用网约社交平台发生过“网约性行为”行为，占比13.4%，而在这1177人中有139人的年龄在15~19岁，占比11.81%。在调查的1177人中有3/4的人称并未在网约性行为过程中发生危险，但是其中有50人遇到感染性病和艾滋病的问题，占比4.25%。②

---

① 改编自H省未成年犯管教所真实案例。

② 《青少年网约性行为调查》，载搜狐网：http://www.sohu.com/a/231422675_157906，2020年4月16日访问。

近年来，未成年人参与网络社交的比例大幅度提升，甚至“00”后已经形成了一套特殊的网络交往规则和话语体系。这一方面是基于网络社交平台技术呈井喷式的发展，另一方面也是未成年人课余活动逐渐单一化的最终结果。由于网络实名制认证尚未在社交软件中推行，加之网络社交领域具有较高的私密性，因而致使网络社交平台上人员龙蛇混杂，信息真假难辨。

结合案例和相关调查可以发现当前未成年人参与网络平台交友主要具有以下目的。第一，基于好玩的心理，主要是为了体验一下网络交友的过程。第二，缓解寂寞的情绪，意图通过网络寻找到合适的另一方。第三，为了满足自己的性欲望。具有第一种目的的多为中低龄阶段未成年人群，而具有第二、三种目的的多为中高龄阶段的未成年人群。因此可以看出，未成年人参与网络交友大多也离不开“爱”和“性”这两个字眼。

案例一中小美在丝毫不对小城的身份进行怀疑的前提下，就对小城付出了真挚的感情，甚至主动提出要去看望小城。事实上，在小美与小城的聊天交往中，小城不可能完全毫无破绽，但是这压根也没有引起小美的怀疑。万幸的是小城只是一个初中的学生，并且其目的只是单纯地想谈恋爱，因而除了感情之外，没有过多地伤害小美。近年来，因为网络交友不慎，未成年女孩在网络上被骗以至于最终被强奸或猥亵的案件不断发生。这类案件中绝大部分被害女孩子从一开始都没有对网友产生过怀疑；甚至，有的网友在让女孩子发送自己的裸照给他们时，这些未成年人女孩都没有感觉到危险的临近，而只是简单地认为这种行为有些害羞而已。由此可见，未成年人尤其是女孩子在网络交友过程中一定要保持谨慎的态度，在没有相关可信赖依据的时候，一定不能盲目相信网友。

案例二中的“网约性行为”一直以来都是学校和家庭教育中缺失的一部分，但已经有越来越多的未成年人参与其中。网约性行为是未成年人参与网络交友活动的一种极端的体现，即未成年人为了满足自己的性渴望而通过网络社交平台选择性伴侣发生性行为的现象。网约性行为的双方通常没有感情基础、缺乏承诺和亲密度并且性伴侣关系也只是暂时的、短期的。

当前，未成年人性成熟提早已经是不争的事实，网络给了未成年人探索性知识的便利平台，但由于我国学校和家庭中性教育的缺失，未成年人无法了解到性的责任和风险，因而在这一背景下“网约性行为”才会逐渐发展起来。在前述调查中，有 138 个 15~19 岁的未成年人发生过“网约性行为”占参加过“网约性行为”人数中的 11.81%。这个比例虽然看似比较小，但其实我们并不知道参与本次调查的 15~19 周岁的未成年人总人数，但相信这个总数不会太大。因而在参加调查的 15~19 周岁的未成年人群体里面，138 个人的比例应该不算少数。“网约性行为”是不符合我国社会主义核心价值观和网络道德规范的行为，因此未成年人群体应当自觉抵制。

未成年人在通过网络软件进行交友时，应当首先验证对方的真实身份，可以通过询问交流、查看对方账户信息、活动记录和真实照片等多方面渠道的信息进行相互佐证。一旦发现端倪，就应当保持警惕，不得泄露自己的身份信息、家庭住址、照片电话等有关人身安全的重要信息，如果遇到自己无法应对的情形应当及时告知父母和老师。同时，未成年人也应当积极主动配合网络交友软件公司所推行的实名认证，不得以任何方式逃避，更不能冒用他人信息或使用虚假信息欺骗他人。

当前未成年人网上交友行为缺乏学校和家庭的正确引导，因而才会屡次出现未成年人因网络不良交友而导致身心权益受到侵害的事件，甚至还出现了未成年人进行“网约性行为”这种极端的网络交友行为。因此学校和父母一定要时刻关注和提醒未成年人在网络上的交友行为，要帮助他们树立其谨慎的心态，不可毫无根据地相信网络上的任何信息。

二、 网络消费行为需谨慎

【案例三】小张是一名17岁的少女，因学习成绩不好便提前辍学外出工作。进入工作单位后不久，她在室友的带动下开始关注名牌化妆品和服饰。然而小张家庭拮据，自己的工资也十分微薄，因此根本就承受不了如此高额的花费。但为了不让室友看轻自己，小张在花掉了自己仅有的一点积蓄之后。开始转而向网络中的贷款公司，不断借取高额利息的贷款，后因无力偿还而被贷款公司长时间持续不断的骚扰、威胁，并获取了她的通讯录。贷款公司向小张好友发送短信告知小张借贷款不还的事情，严重扰乱了小张的生活秩序，后小张求助警察并在警察的帮助下才解决了这件事情。①

【案例四】某日，内蒙古包头市的王先生收到了电子信用卡账单，发现他需要还款3.6万元。王先生最开始以为自己是遇到了电信诈骗，因为他的信用卡平时都是用来交电费等小额交易，不可能产生几万元的费用。随后他通过到银行查询交易记录，发现大额交易的收款方是一名游戏公司。原来这是王先生的14岁儿子把钱用来购买了游戏装备。王先生随后要求这家游戏公司退还购买游戏装备的钱，但遭到游戏公司的拒绝。②

随着网络购物、网络游戏和直播平台的快速发展，消费网络化

---

① 改编自H省未成年犯管教所真实案例。

② 《"熊孩子"买游戏装备花去3.6万元，还能要回来吗?》，载《方圆》2017年第12期。

逐渐成为新的发展趋势，因此网络消费行为也成为当前未成年人参与网络活动的主要行为之一。案例三反映的是未成年人在网络上购物的行为，案例四反映的是未成年人在网络游戏中的消费行为。从上述案例中不难发现，未成年人的网络消费行为普遍存在不理性消费的现象。案例三中小张明知自己家庭拮据并且收入微薄的情况之下，为了好面子而在网络上购买超过自己消费能力的高档化妆品和服饰，甚至最后还通过借贷的方式持续消费。这是一种典型的提前消费行为，也是一种不理性的消费方式。随着当前网络经济的快速发展，提前消费已经成为我国社会民众普遍接受的一种消费方式，这种方式对于促进国民经济发展，改善民众的生活水平具有一定的正面意义。但是提前消费不能超过自己本身所具备的还款能力，超出了还款能力限度的提前消费就会带来诸多弊端，而这个限度就是消费者自身的经济能力。

当消费者超出自身经济能力而提前消费时，就会推动贷款行为的产生，而由于当前我国对贷款公司管控的法律规范不太完善，因而致使一些不合法的贷款公司大行其道，甚至向校园里面延伸。在校园里从事放贷业务的贷款行为，我们通常称之为“校园贷”。“校园贷”主要面向的客户是大学校园里面的学生，同时也包括高中校园的部分同学。“校园贷”的贷款业务往往是不符合法律法规的。比如早期，贷款公司让借贷学生拍摄自己的裸照并上传到系统中，一旦借贷学生无法偿还贷款时，贷款公司便以公布其裸照为由强迫借贷学生还款。之后，有些贷款公司还会要求借贷学生提供通讯录，以为他们之后向借贷学生的亲友发送骚扰短信提供方便。

“校园贷”虽然承诺贷款利息非常低，但贷款一旦未及时偿还之后的贷款利息会变得非常高，不断的“利滚利”会让借贷学生无法承受。另外，“校园贷”在签订借贷合同时也通常会采用欺骗的方式，往往以手续费等名义扣下一笔“砍头息”。因而借贷者实际拿到的借款要少于合同上的借贷金额。借贷者虽然不能实际获得那一部分名为“手续费”等明目的钱，但仍需要承担这部分金额的利息费，显然这是极不合理的。此外，在借贷者无法偿还所借贷款之后，借贷公司往往会采用电话袭扰、给亲友发骚扰短信、堵门、泼红油漆等不合理的方式催讨，这严重影响了借贷学生正常的学习和生活秩序。借贷学生们一方面无法偿还高额费用，又不敢告知父母，另一方面每天还要面临着借贷公司的暴力催讨，精神高度紧张和压抑，因而近些年时常会出现借贷学生自杀的悲剧事件。

在校学生由于没有固定的经济收入来源，就更应该养成谨慎消费的习惯，尽量不要提前消费，更不要贷款消费。倘若有同学已经陷入“校园贷”的套路之中，这时候应该主动面对，不能消极逃避，一方面要积极求助父母、老师和警察，另一方面也要冷静沉着地应对。首先要考察对方贷款公司是否有经营小额贷款业务的资质，在贷款过程中是否存在违法违规贷款的行为，有没有贷款实际金额与合同签订金额相出入的情况，有没有事后违法违规的操作行为等。

其次，针对贷款公司的不同情况，做不同的处理。其一，如果贷款公司具备合法正规的资质，并且在借贷的过程中没有任何违法违规行为，且事后也没有违法违规催讨，那么此时最好告知父母积极还清贷款，防止利息日渐扩大，但还款利息超过年利率24%的部分，借款人可以不用偿还。其二，如果贷款公司具备合法正规资质，但是在借贷过程中存在恶意隐瞒高额利息或借贷实际金额与合同签订金额不一致等违法行为时，借贷人可以向人民法院提起民事诉讼，主张借贷合同无效，并返还实际借贷金额即可。其三，如果贷款公司不具备合法资质，且事中、事后均存在欺诈、胁迫等违法行为时，借贷人应当直接报警，举报对方涉嫌构成诈骗罪与敲诈勒索罪。

与案例三未成年人的网络购物消费行为可能涉及校园贷款不同，案例四是未成年人在网络上消费自己父母的钱，没有涉及校园贷款问题。但这种行为在本质上仍是不正确、不理性的消费行为。购买游戏装备的行为，其实是属于网络经济的组成部分。未成年人参与这些网络消费行为也无可厚非，但前提是一定要把握限度，不能盲目消费和激情消费。未成年人由于还未具备完全的辨别能力和控制能力，因而其消费行为通常都需要父母的追认才能发挥效力。在网络消费行为还尚未兴起时，父母的追认行为通常都能够发挥效果，因为未成年人的钱财是父母亲手给的，实际的交易行为也是未成年人与对方真实发生的。然而网络消费行为在一定程度上就抹杀了监护人的事后追认，因为金钱数据化，未成年人只要有一部手机，绑定了银行卡，就可以在父母不知情的情况下进行网络消费。而且网络消费行为使得消费者和网络服务提供者无法面对面进行交易，且这种消费行为具有即时性，因而也无法进行事后追认。所以在案例四中小王的父母无法通过法律途径要求对方退回全部款项。因此，促进未成年人养成一个理性克制的消费习惯在网络发展的今天具有十分重要的意义。

法律小课堂

校　园　贷

校园贷是指专门面向大学生、高中生实施贷款业务的统称。校园贷是近些年兴起的民间借贷产物，其通常具备违法性，侵害未成年人正常的学习、生活秩序，扰乱校园教学秩序，因而校园贷是我国司法机关打击的重点。

校园贷通常具有以下表现：(1) 校园贷款公司通常不具备合法的贷款业务资质，属于非法借贷公司。(2) 校园贷有着比较高的利息率，尤其是在还款逾期之后立即产生“逾期利息”，而后“利滚利”，形成高额应还款项。(3) 在贷款过程中会存在违法操作的行为，比如实际借贷金额与合同签订金额不一致；要求获取贷款人裸照、通讯录等隐私内容。(4) 催讨过程往往采用“软暴力”方式，比如堵门、长时间跟从、泼油漆、发骚扰短信等。

应对校园贷应当根据具体情况具体分析：(1) 如果借贷公司在借贷过程中和催讨过程中没有任何不合法行为，此时如果借款人为未满18周岁的限制民事行为能力人，其父母可以行使撤销权，撤销该借贷合同，返还所借款；但如果借贷人为18周岁及以上的成年人，则应当主动联系家长，积极偿还。但是利息超过24%的部分可以不用偿还。(2) 如果借贷公司存在恶意隐瞒高额利息等欺诈行为，借贷人可以向人民法院或仲裁机构主张撤销该借贷合同。(3) 如果借贷公司在签订过程中存在欺诈等违法行为，之后又采取“软暴力”等催讨行为，借贷人可以直接向公安机关举报。

——《中华人民共和国民法典》

第十九条　八周岁以上的未成年人为限制民事行为能力人，实施民事法律行为由其法定代理人代理或者经其法定代理人同意、追认；但是，可以独立实施纯获利益的民事法律行为或者与其年龄、智力相适应的民事法律行为。

第一百四十五条　限制民事行为能力人实施的纯获利益的民事法律行为或者与其年龄、智力、精神健康状况相适应的民事法律行为有效；实施的其他民事法律行为经法定代理人同意或者追认后有效。

相对人可以催告法定代理人自收到通知之日起三十日内予以追认。法定代理人未作表示的，视为拒绝追认。民事法律行为被追认前，善意相对人有撤销的权利。撤销应当以通知的方式作出。

第一百四十八条　一方以欺诈手段，使对方在违背真实意思的情况下实施的民事法律行为，受欺诈方有权请求人民法院或者仲裁机构予以撤销。

——2020年最高人民法院《关于审理民间借贷案件适用法律若干问题的规定》（法释〔2020〕6号）

第二十六条　出借人请求借款人按照合同约定利率支付利息的，人民法院应予支持，但是双方约定的利率超过合同成立时一年期贷款市场报价利率四倍的除外。

前款所称“一年期贷款市场报价利率”，是指中国人民银行授权全国银行间同业拆借中心自2019年8月20日起每月发布的一年期贷款市场报价利率。

第二十九条　借贷双方对逾期利率有约定的，从其约定，但是以不超过合同成立时一年期贷款市场报价利率四倍为限。

未约定逾期利率或者约定不明的，人民法院可以区分不同情况处理：

（一）既未约定借期内利率，也未约定逾期利率，出借人主张借款人自逾期还款之日起承担逾期还款违约责任的，人民法院应予支持；

（二）约定了借期内利率但是未约定逾期利率，出借人主张借款人自逾期还款之日起按照借期内利率支付资金占用期间利息的，人民法院应予支持。

第三十条　出借人与借款人既约定了逾期利率，又约定了违约金或者其他费用，出借人可以选择主张逾期利息、违约金或者其他费用，也可以一并主张，但是总计超过合同成立时一年期贷款市场报价利率四倍的部分，人民法院不予支持。

——《中华人民共和国刑法》

第二百六十六条【诈骗罪】诈骗公私财物，数额较大的，处三年以下有期徒刑、拘役或者管制，并处或者单处罚金；数额巨大或者有其他严重情节的，处三年以上十年以下有期徒刑，并处罚金；数额特别巨大或者有其他特别严重情节的，处十年以上有期徒刑或者无期徒刑，并处罚金或者没收财产。本法另有规定的，依照规定。

第二百七十四条【敲诈勒索罪】敲诈勒索公私财物，数额较大或者多次敲诈勒索的，处三年以下有期徒刑、拘役或者管制，并处或者单处罚金；数额巨大或者有其他严重情节的，处三年以上十年以下有期徒刑，并处罚金；数额特别巨大或者有其他特别严重情节的，处十年以上有期徒刑，并处罚金。

第二百九十三条【寻衅滋事罪】有下列寻衅滋事行为之一，破坏社会秩序的，处五年以下有期徒刑、拘役或者管制：（一）随意殴打他人，情节恶劣的；（二）追逐、拦截、辱骂、恐吓他人，情节恶劣的；（三）强拿硬要或者任意损毁、占用公私财物，情节严重的；（四）在公共场所起哄闹事，造成公共场所秩序严重混乱的。纠集他人多次实施前款行为，严重破坏社会秩序的，处五年以上十年以下有期徒刑，可以并处罚金。

第二百九十三条之一　有下列情形之一，催收高利放贷等产生的非法债务，情节严重的，处三年以下有期徒刑、拘役或者管制，并处或者单处罚金：

（一）使用暴力、胁迫方法的；

（二）限制他人人身自由或者侵入他人住宅的；

（三）恐吓、跟踪、骚扰他人的。

未成年人网络行为应当保持谨慎克制

未成年人：自觉树立谨慎克制的意识，在网络交友时不轻易相信他人身份，不轻易透露个人信息、不单独约见网友；在网络消费时要保持理性克制，不盲目消费、激情消费，提高自我辨别和控制能力。

家长：掌握未成年人网络交友动态，提前做好防范措施；严格控制未成年人网络消费金额，掌握支付方式，关注网络消费动向。

学校：积极引导学生树立自我保护和防范意识，引导学生树立理性的消费习惯和方式，尽量避免提前消费。

网络服务提供者：积极推进网络实名认证，加强网络秩序规范管理；运用人脸识别等身份识别技术，严格规范网络直播平台和网络游戏消费方式。

后　记

网络时代的飞速发展不仅改变着我们的生活方式和社会活动，与此同时还带来社会的深层变革，助推着法律制度、社会伦理等上层建筑的发展。大数据时代下包括大部分未成年人在内的民众积极利用网络，通过网络实现交流、学习和娱乐，网络几乎演变为人们在现实世界中的交往纽带。一方面，网络的快速发展使得人们联系更加紧密，沟通日益加强，生活方式和节奏变得日益现代化和便捷化；但另一方面，民众对网络的依赖程度逐渐加深，甚至有极端者深陷其中，无法自拔，“低头玩手机、进门连 WI-FI”已成为生活常态。我们一边享受着网络发展带给我们的方便，一边又沉迷其中、迷失方向。因而如何保障未成年人在网络社会中的合法权益和健康成长是当下紧迫的任务，本书是助力对这一问题的初步研究。

网络经济生活与虚拟财产保护篇重在介绍未成年人参与网络经济生活时可能适用的法律规范，引导未成年人树立正确的网络生活消费观。网络人格权与知识产权保护篇对未成年人在网络上可能遭受的网络诽谤和侵犯知识产权行为进行剖析，旨在树立未成年人维护保障自身权益的意识。未成年人网络犯罪与被害预防篇则基本上涵盖了未成年人在参与网络生活时可能遭遇到的所有犯罪现象，从犯罪人和被害人的双重视角提出了有效预防措施。未成年人网络使用规范篇介绍了网络道德规范，并构建起未成年人使用网络的基本守则，引导未成年人树立正确使用网络的意识。

本书的完成，需要感谢武汉大学出版社胡荣编辑提出的宝贵建议，感谢武汉大学出版社的全力支持，也向所有对本书写作给予帮助的单位和个人致以衷心的谢意！

本书由主编组织开展实证研究，拟定大纲和样章，并确定各章撰稿人，最后由主编统改定稿，具体分工如下：

拟定大纲、统改定稿：叶小琴；

网络经济生活与虚拟财产保护篇：杨琳；

网络人格权与知识产权保护篇：杨琳；

未成年人网络犯罪与被害预防篇：黄诗琪；

未成年人网络使用规范篇：刘彦修。

未成年人网络权益保护与网络犯罪预防是一个与时俱进的话题，互联网络的更新迭代必然会对未成年人保护提出新的要求和任务，故需要社会各方主体积极参与、协调应对。网络安全是一个事关国家安全的重大课题，亦是保障未成年人健康成长不可回避的重要一环，本书编写团队尽可能详尽解析未成年人利用网络时面临的法律和道德问题，亦可能存在疏漏之处，希望广大读者对我们提出宝贵建议（QQ：2269892601），以便我们继续努力，共同打造未成年人网络空间权益保护和网络犯罪预防的优秀读物！

编 者

2020 年 5 月